DEL ABRAZO DE VERGARA AL BANDO DE GUERRA DE FRANCO

EDUARDO MONTAGUT

www.abrazodevergara.guiaburros.es

Diseño de cubierta: © Andrea Fernández (EDITATUM)
Maquetación de interior: © EDITATUM

Primera edición: mayo de 2020

ISBN: 978-84-18121-21-0
Depósito legal: M-9539-2020

IMPRESO EN ESPAÑA/ PRINTED IN SPAIN

Si después de leer este libro, lo ha considerado como útil e interesante, le agradeceríamos que hiciera sobre él una **reseña honesta en Amazon** y nos enviara un e-mail a **opiniones@guiaburros.es** para poder, desde la editorial, enviarle **como regalo otro libro de nuestra colección.**

Agradecimientos

A mi madre
por su constante esfuerzo.

Sobre el autor

Eduardo Montagut nació en Madrid en 1965, licenciándose en Historia Moderna y Contemporánea por la UAM en el año 1988, con premio extraordinario. En la misma Universidad alcanzaría el doctorado en 1996 con una tesis sobre "Los alguaciles de Casa y Corte en el Madrid del Antiguo Régimen, un estudio social del poder." Por otro lado, el autor emprende estudios de la época ilustrada a través de la Real Sociedad Económica Matritense y la Real Sociedad Bascongada de Amigos del País sobre cuestiones de enseñanza, agricultura, montes y plantíos. En 1996 comienza su carrera de docente en Educación Secundaria en la Comunidad de Madrid.

Con el nuevo siglo, Eduardo Montagut inicia una intensa actividad en medios digitales y escritos con publicaciones de divulgación e investigación históricas, política y de memoria histórica, siendo autor de libros como *Guíaburros: Episodios que cambiaron la Historia de España*, así como impartiendo conferencias, y participando en charlas y debates.

Índice

Introducción

Este breve manual de Historia pretende acercar al lector al estudio del establecimiento del Estado liberal en España, y su desenvolvimiento durante el siglo XIX, para luego entrar en el problema fundamental que se plantearía en el nuevo siglo en relación con la transformación de ese Estado liberal en uno democrático. Precisamente, el fracaso en este proceso, debido a un conjunto de factores, conducirá a la gran tragedia española de la Guerra Civil. Si el Abrazo de Vergara asentaba definitivamente la compleja Revolución Liberal en España, el Bando de guerra de Franco simboliza la entrada en el abismo de un conflicto que desterró la democracia durante largas décadas.

Las necesidades de la divulgación, intentando siempre que se realice con rigor y lejos de vulgarizaciones y de anacronismos, nos obliga a la brevedad. En realidad, lo que pretendemos es estimular al lector avisado para que siga profundizando, se haga preguntas, así como, para defender la importancia del análisis reposado, aunque siempre polémico de la Historia de España, sin levantar pasiones desatadas. Pero que la serenidad deba guiarnos en los análisis no significa que no se discrepe, debata y se planteen argumentos distintos, porque no existe una Historia única y verdadera, a modo de dogma indiscutible.

Vivimos momentos en los que el interés por acercarse al pasado es grande, aunque también es cierto que padecemos el uso interesado y espurio de la Historia para buscar legitimaciones en el pasado de acciones presentes o para, tergiversando las fuentes, inventarse una España a la carta. Hemos intentado que esos peligros no se den en este libro, aunque sí que esté lleno de afirmaciones e interpretaciones que sean discutibles.

El abrazo de Vergara: la derrota del Antiguo Régimen

El carlismo

El Abrazo de Vergara selló una dura guerra civil y permitió la consolidación definitiva del Estado liberal en España. Para entender ese conflicto debemos acudir a una parte de la crisis del Antiguo Régimen.

En 1789 se aprobó, aunque no se publicó, la *Pragmática Sanción*, que derogaba la *Ley Sálica*, introducida por los Borbones para la sucesión a la Corona. Esta ley impedía reinar a las mujeres. En 1830, Fernando VII publicó la *Pragmática Sanción,* lo que permitía la sucesión femenina de acuerdo con lo establecido en el régimen de las *Partidas*. En octubre de ese año nacía la primera hija de Fernando VII y María Cristina de Borbón, la futura reina Isabel II, pasando Carlos María Isidro, hermano del rey, al segundo lugar en el orden sucesorio.

La presión y protestas de los realistas llevaron a los sucesos de La Granja del verano de 1832. Los absolutistas, aprovechando la crisis de salud que estaba atravesando Fernando VII, lograron convencer al rey para que firmase la derogación de la *Pragmática Sanción*, lo que suponía que su hija no podría reinar. Pero al recuperarse, anuló el decreto, cambió el Gobierno por otro de signo moderado y dejó como heredera a su hija Isabel. El Gobierno de Cea Bermúdez optó por una tímida apertura hacia los liberales y destituyó a todos los elementos carlistas o muy absolutistas. También se otorgó una amnistía que permitió que muchos liberales exiliados regresasen a España.

En mayo de 1833, Carlos María Isidro y su familia se exiliaron en Portugal. Se vislumbraba una guerra civil. En septiembre de ese año moría el rey, y una niña de dos años era proclamada reina de España.

El carlismo fue un movimiento cuyos orígenes se sitúan en la época del Trienio Liberal con la Regencia de Urgel y la Guerra de los Agraviados en Cataluña, pero su desarrollo se producirá tras la crisis sucesoria y la muerte de Fernando VII.

El carlismo, como opción dinástica, apoyaba las pretensiones al trono de Carlos María Isidro frente a la línea sucesoria femenina representada por Isabel II.

En el plano ideológico, el carlismo abogaba por el mantenimiento de las estructuras del Antiguo Régimen. El ideario carlista era difuso y no plenamente estructurado como en el liberalismo. En todo caso, se defendía el absolutismo monárquico, la restauración del poder de la Iglesia y la defensa de un catolicismo excluyente. El carlismo suponía un evidente rechazo de las reformas liberales establecidas en las Cortes de Cádiz y en el Trienio Liberal. También hay que señalar una cierta idealización del mundo rural frente al urbano. El carlismo siempre tuvo más implantación en el campo que en las ciudades. La defensa de las instituciones y fueros tradicionales vascos, navarros y catalanes frente a las pretensiones liberales de uniformidad política y jurídica de España sería otra de sus características.

El carlismo tuvo una base social heterogénea. En primer lugar, destacó el apoyo de una parte considerable del clero, que percibía el liberalismo como el gran enemigo de la Iglesia y la religión. Después estaría la pequeña y mediana nobleza, especialmente la del norte de España y, por fin, amplios sectores del pequeño campesinado que veían amenazada su situación económica por las reformas liberales más encaminadas hacia el fortalecimiento de la gran propiedad y el fin de las tierras comunales.

En cuanto al ámbito geográfico, el carlismo arraigó en las zonas rurales de las tres provincias vascas, de Navarra, parte de Aragón, en la Cataluña interior y en el Maestrazgo.

El carlismo desencadenó tres conflictos armados, los dos primeros durante el reinado de Isabel II.

La guerra y el desenlace

La primera guerra carlista se dio entre 1833 y 1840, y fue la más violenta y dramática de todas ellas. Fue un conflicto donde abundaron los hechos de verdadero salvajismo detrás del campo de batalla. No solo fue una guerra civil, sino que también tuvo su proyección exterior: las potencias absolutistas (Austria, Rusia y Prusia) y el Papado, apoyaron de una forma u otra, más o menos abiertamente, al bando carlista; mientras que Inglaterra, Francia y Portugal secundaron la causa isabelina, materializándose en el Tratado de la Cuádruple Alianza (1834).

Los primeros brotes armados estallaron al día siguiente de la proclamación de Isabel como reina, a fines de septiembre de 1833. Hubo levantamientos en Talavera y Valencia, seguidos por otros en Castilla, Navarra y las provincias vascas, en forma de partidas rurales organizadas por Zumalacárregui, sin lugar a dudas, el mejor general carlista. En noviembre ya había guerra abierta en Euskadi y el norte de Cataluña. A estas zonas se sumaron partidas de guerrilleros en Aragón, el Maestrazgo, Galicia, Asturias y La Mancha. Esta fase de la guerra, de fuerte iniciativa carlista, finalizó con la muerte de Zumalacárregui en el asedio de Bilbao en julio de 1835.

La segunda etapa de la guerra discurrió entre julio de 1835 y octubre de 1837. Destacaron las expediciones del general Cabrera, pero la acción más espectacular de esta fase fue la Expedición Real, encabezada por Carlos María Isidro, Carlos V para los carlistas. Su objetivo era imponer un pacto a la regente María Cristiana en un momento de debilidad ante la sublevación de La Granja. Las tropas carlistas llegaron a las puertas de Madrid en septiembre de 1837, pero Espartero obligó a los carlistas a retirarse. Este hecho marcó un punto de inflexión en la guerra.

De octubre de 1837 a agosto de 1839 tuvo lugar la tercera etapa de la guerra, que acabó con el triunfo de las tropas gubernamentales. En el seno del carlismo surgió una división entre los más conservadores, conocidos como apostólicos, destacándose entre ellos el obispo de León; y los moderados, con el general Maroto como principal líder, partidarios de negociar y llegar a un acuerdo honroso con el enemigo. Esta fue la postura que terminó por triunfar, lo que permitió firmar el Convenio de Vergara el 29 de agosto de 1839, entre los generales Espartero y Maroto. En él se prometía el mantenimiento de los fueros vascos y el reconocimiento de los oficiales del Ejército carlista. Espartero, posteriormente en el poder, lo incumpliría.

El rechazo de este acuerdo por parte del sector apostólico y del propio don Carlos, prolongó la guerra en Cataluña y Aragón hasta que las tropas del general Cabrera fueron derrotadas en Morella en junio de 1840.

La segunda guerra carlista (1846-1849) no tuvo ni el impacto ni la violencia de la primera, pero terminó por prolongarse de forma intermitente y como guerrilla hasta

1860. El principal escenario estuvo localizado en el campo catalán. En esta ocasión, el pretendiente era Carlos VI, hijo de Carlos María Isidro.

El carlismo no desapareció. Se planteó otra guerra en pleno Sexenio Democrático, liquidada al comienzo de la Restauración y, posteriormente, se convirtió en una corriente política con variaciones, ramificaciones y adecuaciones a los nuevos tiempos.

El conflicto carlista, casi permanente durante la primera mitad del reinado de Isabel II, tuvo importantes repercusiones, comenzando por su alto coste en vidas humanas. Supuso la definitiva inclinación de la Monarquía española hacia el liberalismo. El agrupamiento de los absolutistas en torno a la causa carlista convirtió a los liberales en el único apoyo al trono de Isabel II. Las guerras carlistas convirtieron a los militares en elementos fundamentales para la defensa del sistema liberal. Los generales, conscientes de su importancia, se acomodaron al frente de los partidos y se erigieron en árbitros de la política, utilizando, además, el recurso del pronunciamiento.

La guerra fue una losa económica. Estas dificultades condicionaron la orientación de ciertas reformas, como las desamortizaciones.

En relación con la cuestión foral, conviene señalar que en 1834 Canga Argüelles había establecido que las provincias vascas y Navarra serían consideradas como "provincias exentas", llamadas así por las peculiaridades de su sistema fiscal. El Convenio de Vergara, como hemos visto, respetó los fueros y este especial sistema fiscal, pero para terminar con ciertas ambigüedades, en 1841 se estableció la denominada Ley "paccionada". Se establecía que las diputaciones forales asumirían las funciones de las diputaciones provinciales, creadas por la nueva estructura administrativa del Estado liberal. Pero la ambigüedad entre el respeto al foralismo y a las instituciones vascas y navarra y el centralismo acusado del liberalismo no terminó por resolver esta complicada situación. Se mantuvo una especie de *status quo* sin sanción constitucional hasta los intentos centralizadores de Cánovas del Castillo.

La modernización socioeconómica de España y sus límites

El problema agrario

La agricultura fue la actividad económica principal durante todo el siglo XIX. Al finalizar el mismo, las dos terceras partes de la población activa todavía trabajaban en el campo. La agricultura generaba más de la mitad de la renta nacional y los productos agrícolas eran predominantes en las exportaciones.

La cuestión fundamental en relación con la agricultura tiene que ver con las desamortizaciones, ya que afectaron a la quinta parte de todo el territorio nacional y a la mitad de la tierra cultivable. Por desamortización se entiende la expropiación por parte del Estado de las tierras eclesiásticas y municipales para su posterior venta en subastas públicas. Hubo precedentes a finales del siglo XVIII, pero el verdadero proceso desamortizador se produjo en dos fases del siglo XX: la desamortización eclesiástica de Mendizábal y la de Madoz, más vinculada a las propiedades municipales.

Disueltas las órdenes religiosas no dedicadas a la enseñanza o al cuidado de enfermos se declararon sus bienes como nacionales y se vendieron en pública subasta. Los objetivos de esta primera desamortización tuvieron que ver con la necesidad de sanear la maltrecha Hacienda, financiar la guerra carlista y convertir a los nuevos propietarios en adeptos a la causa liberal. Primó la finalidad fiscal sobre la de reforma social y se desaprovechó la oportunidad de repartir las tierras entre los campesinos y completar una verdadera reforma agraria.

La desamortización de Madoz incluyó tierras de la Iglesia aún no vendidas, pero la parte más importante fue la de las de propiedad municipal. Además de desamortizar para pagar la deuda pública se quería usar el capital obtenido para desarrollar infraestructuras, especialmente para financiar la red de ferrocarriles.

La opinión tradicional dice que las desamortizaciones acentuaron la estructura latifundista de la propiedad, pero no hay suficientes datos para seguir afirmando esto. Cabe suponer que al ser ventas en subasta fueron compradas por compradores con dinero y no por campesinos pobres, pero eso no significa que fueran tan poco numerosos, por lo que no tendría que haberse extendido más la estructura latifundista. A lo sumo hubo cambio de propietarios, aunque sí aumentó la superficie cultivada.

La agricultura española se caracterizó por unos bajos rendimientos. Siguió predominando la trilogía mediterránea -trigo, vid y olivo- aunque aumentó el cultivo de leguminosas. Las desamortizaciones no posibilitaron que se produjera un aumento de la producción agrícola. El crecimiento de esta producción fue muy lento durante el siglo XIX, y no se evitaron las crisis de subsistencias. Estaríamos ante una agricultura que no vivió la revolución agrícola. El estancamiento fue fruto de la protección arancelaria. Los aranceles del trigo se mantuvieron altos para proteger al sector. Al no tener que competir, esta agricultura proporcionaba beneficios a los grandes propietarios a pesar de los bajos rendimientos. Las tierras se infrautilizaron. En todo caso, si hubo un sector mucho más productivo: el hortofrutícola mediterráneo, pero representó un pequeño porcentaje del total.

En conclusión, España no vivió una revolución en la agricultura y, por tanto, tampoco industrial. Los excedentes agrícolas fueron insuficientes para garantizar crecimiento demográfico; en consecuencia, se produjeron frecuentes hambrunas, al igual que en el pasado. La demanda campesina de bienes industriales fue muy reducida, tanto de bienes de consumo como de producción. Y, por fin, la transferencia de población de la agricultura a la industria no constituyó un verdadero éxodo rural. No había presión demográfica sobre el campo y el escaso desarrollo industrial no demandó mano de obra.

La limitada Revolución Industrial

En España se intentó impulsar un proceso de revolución industrial con el objetivo de transformar la vieja estructura agraria en otra nueva industrial, pero el resultado final fue muy parcial.

Cataluña fue la única región que se industrializó a partir de capital autóctono con empresas de tamaño medio. El sector más dinámico fue el algodonero gracias a la posición de ventaja de la que se partía por la buena situación en el siglo anterior. Es de destacar la iniciativa empresarial de una burguesía que supo modernizar sus industrias con nuevas máquinas y técnicas. La protección arancelaria fue fundamental, pues permitió después de la pérdida del mercado colonial orientarse hacia el mercado nacional sin sufrir la competencia inglesa.

Por su parte, el desarrollo de la siderurgia no fue tan importante al no contar España con grandes yacimientos de hierro, ni con carbón de coque. Además, la demanda de los productos siderúrgicos no fue suficiente para rentabilizar las elevadas inversiones iniciales. El desarrollo accidentado de esta industria explica los cambios de localización de la misma durante el siglo XIX. Existe una etapa andaluza hasta los años sesenta en torno a Málaga sobre la explotación de hierro de la zona, pero como no había carbón mineral se usaba el vegetal más caro. Su apogeo se relaciona con las guerras carlistas que impedían la explotación en el norte. Entre los años sesenta y ochenta se produce una etapa asturiana en torno a las cuencas carboníferas de Mieres y Langreo, pero no era carbón de gran calidad. Por fin, llegaría la etapa vizcaína que inició un crecimiento sostenido desde la Restauración, con grandes empresas que se fusionaron en torno a 1902 para formar los Altos Hornos de Vizcaya. La clave del éxito estaba en el eje Bilbao-Cardiff. Bilbao exportaba hierro y compraba el carbón galés, más caro, pero de gran calidad, más rentable que el asturiano.

España era rica en reservas de hierro, plomo, cobre, mercurio y cinc, y contaba con la ventaja de que los yacimientos estaban cerca de las zonas portuarias, circunstancia que facilitaba el transporte. Pero la explotación de la riqueza minera solamente alcanzó su apogeo en el último cuarto de siglo, gracias a los cambios que se produjeron en esta cuestión a partir de 1868. En ese año se aprobó la Ley de Bases sobre minas, que simplificaba la adjudicación de concesiones y ofrecía seguridades a los concesionarios. Pero, además, se produjo un gran incremento de la demanda internacional de productos mineros. En ese contexto, España se convirtió en exportadora de materias primas: plomo, mercurio, cobre y hierro, constituyendo un capítulo fundamental de su balanza comercial.

Las principales fuentes de energía usadas eran la fuerza humana, la de origen animal, la hidráulica y la eólica. El consumo de carbón creció desde mediados de siglo por la red de ferrocarriles, la navegación a vapor y la industrialización, pero España se encontraba en clara desventaja desde el punto de vista energético respecto a los países industrializados, porque el carbón español era escaso, de mala calidad y su extracción era muy costosa, por lo que se hacía necesario importarlo.

El transporte y el ferrocarril

España se encontraba en clara desventaja respecto a otros países en relación con las condiciones del transporte por las peculiaridades de la geografía peninsular, una dificultad añadida para su desarrollo económico y que hizo que, durante mucho tiempo, el país estuviera constituido por mercados aislados entre sí. Debemos recordar la elevada Meseta Central rodeada de cadenas montañosas, con escasos puertos naturales, que dificultaban las comunicaciones con la periferia. Además, estarían las cadenas internas. Los ríos son muy cortos o con fuertes pendientes, menos los mediterráneos, pero con cauces poco profundos y caudales irregulares. No eran navegables y, por lo tanto, no servían como vías de comunicación.

En relación con el transporte marítimo se dieron cambios importantes en el siglo XIX, como fueron la mejora de los puertos y el desarrollo de la navegación a vela y a vapor. En todo caso, por las costas poco recortadas escaseaban los puertos naturales. Destacaron los puertos de Barcelona y Bilbao. En relación con el transporte terrestre hay que aludir, a partir de 1840, al planteamiento de un programa de construcción de carreteras.

Las primeras líneas de ferrocarril que se construyeron en España fueron las de Barcelona-Mataró y la de Madrid-Aranjuez. El verdadero impulso a la construcción de una red se dio con la Ley General de Ferrocarriles de 1855.Se pretendía imitar el ejemplo europeo. El ferrocarril fue el medio de transporte fundamental en el siglo XIX por sus ventajas: capacidad de carga, velocidad, seguridad y disminución de tiempos y costes. Además, se pensaba que la red estimularía a la industria.

Los progresistas estaban dispuestos a proporcionar todos los recursos y facilidades para conseguir lo que consideraban un objetivo prioritario. Esta Ley se vinculó a la desamortización general de Madoz, que proporcionaría los fondos necesarios. Además, se propició la creación de sociedades anónimas ferroviarias que se encargarían de la construcción y explotación de los diferentes tramos de la red con la previsión del pago de subvenciones y se permitió la importación de materiales ferroviarios.

El resultado fue un rápido ritmo de construcción en la primera década debido a la afluencia masiva de capital, tecnología y material extranjeros. En las nuevas líneas destacó la presencia del capital francés, aunque en otras predominó el español. La fiebre constructora se interrumpió con la crisis financiera de 1866. El último impulso constructor del siglo XIX comenzó con la Restauración.

Los aspectos negativos de la fiebre ferroviaria tuvieron que ver con que las principales concesiones se otorgaron a compañías extranjeras que importaban material de fuera, por lo que el ferrocarril no estimuló la industria siderúrgica nacional. El escaso capital español se invirtió en el ferrocarril y no en las industrias. Aunque se creó una red, no había apenas mercancías que transportar y muchas compañías, al no recuperar lo invertido debido a los escasos beneficios, quebraron y arrastraron a bancos y sociedades de crédito en la crisis financiera de 1866.

Las cuestiones comerciales y financieras

El Estado liberal abolió las trabas legales del Antiguo Régimen en relación con la producción industrial y el comercio: sistema gremial, portazgos, barcazgos, peajes, etc. Las inversiones en transporte, especialmente en el ferrocarril, permitieron mejorar el comercio interior, pero, en todo caso, todavía a finales del siglo se estaba lejos de haber alcanzado un mercado interior único y articulado.

Después de las independencias americanas, España perdió su mercado colonial. El volumen del comercio exterior tuvo que ir dirigiéndose hacia Europa, pero con una balanza comercial deficitaria, ya que se exportaban materias primas y productos semielaborados y se importaban productos industriales.

En España se produjo una clara pugna entre el proteccionismo y el librecambismo. Los proteccionistas, harto poderosos, fueron los fabricantes de algodón catalanes, los grandes productores de cereal del interior peninsular y los industriales siderúrgicos vascos. Los librecambistas, por su parte, serían los comerciantes y las compañías ferroviarias.

La política arancelaria española fue muy proteccionista a lo largo de todo el siglo XIX, con la excepción del Arancel Figuerola de 1869, algo menos proteccionista.

La modernización del sistema monetario consistió en la implantación de una sola unidad monetaria, dada la diversidad de monedas que circulaban como herencia del Antiguo Régimen. En el año 1868 se instauró como unidad monetaria oficial la peseta, pieza de origen catalán.

Al mismo tiempo que se reformaba el sistema monetario se procedió a implantar un sistema bancario. El primer banco había sido el Nacional de San Carlos de 1782. Pero tras su quiebra, y para solucionar en parte los problemas económicos de la deuda, se creó en 1829 el Banco Español de San Fernando, cuya función básica era la de prestar dinero al Estado. En el reinado de Isabel II se fundaron dos bancos más: el Banco de Isabel II en Madrid y el Banco de Barcelona. Pero la rivalidad entre el de San Fernando y el de Isabel II llevó a ambos al borde de la quiebra. El Gobierno los fusionó. En 1856 este nuevo banco pasó a denominarse Banco de España. Tras las leyes bancarias del bienio progresista, relacionadas con la Ley de ferrocarriles, surgieron diversos bancos, aunque muchos de ellos se hundieron en la crisis de 1866. Otra época de creación de bancos fue tras el desastre colonial del 98, cuando se repatriaron muchos capitales situados en las colonias perdidas.

La reforma hacendística más importante del siglo XIX fue la de Mon-Santillán en 1845, que acabó con el desorden de la hacienda del Antiguo Régimen y sentó las bases de una hacienda moderna: simplificación y racionalización del sistema fiscal, además de la aplicación del principio liberal de igualdad ante la ley. En todo caso, la reforma no alcanzó la equidad en la contribución al primar los impuestos indirectos sobre los productos de primera necesidad (consumos), con su consiguiente contestación social, ni tampoco se alcanzó la suficiencia en los ingresos. Hay que resaltar, por otra parte, la creación del presupuesto, documento en el que el Estado registra las previsiones de ingresos y de gastos. Como los ingresos procedían de las contribuciones de los ciudadanos, debían ser estos los que aprobasen, a través de los representantes en las Cortes, las cuentas públicas.

El principal problema hacendístico fue la insuficiencia de ingresos, que no alcanzaban para cubrir los gastos del Estado. El presupuesto siempre fue deficitario. Y como las necesidades financieras se incrementaron durante el siglo, no quedó más alternativa que emitir deuda pública. Esta deuda pública se vinculó en el reinado de Isabel II a las desamortizaciones, especialmente a la de Mendizábal. La deuda ejerció una influencia muy negativa en la economía española, ya que absorbió capital que podía haberse canalizado hacia las actividades productivas.

En el primer tercio del siglo XX se vivió una etapa de crecimiento económico basado en un fuerte proteccionismo, en el aumento de la producción agrícola, en el impulso de la industria siderúrgica vasca y en la presión de la demanda exterior debida a la I Guerra Mundial.

La demografía

En comparación con los países europeos, España tuvo un ritmo de crecimiento demográfico muy lento: de 10'5 millones en 1797 a 18'6 millones en 1900. La tasa de natalidad española al terminar el siglo era del 34 por mil, de las más altas de Europa, pero era insuficiente ante la alta mortalidad, que aunque disminuyó a lo largo del siglo siguió siendo importante. La esperanza media de vida no llegaba a los 35 años. España continuó en un régimen demográfico antiguo. En este sentido, el país padeció recurrentes crisis de subsistencias, debidas a la combinación de causas meteorológicas y estructurales por una agricultura de bajos rendimientos y un mal sistema de transportes que impedía llevar los alimentos de las zonas excedentarias a las deficitarias. Durante el siglo XIX hubo, además, periódicas epidemias de cólera, tifus y fiebre amarilla, además de las enfermedades endémicas: tuberculosis, viruela, sarampión, escarlatina y difteria.

En España hubo una desigual distribución geográfica de la población. Se produjeron desplazamientos desde el norte hacia el sur y hubo un relativo abandono de la Meseta Central, con la excepción de Madrid, en beneficio de las costas mediterránea y atlántica meridional. Las razones de estas migraciones estarían en las ventajas económicas que ofrecían estas zonas costeras y sus tierras mucho más fértiles. En consecuencia, las poblaciones levantinas y meridionales crecieron.

El proceso de urbanización fue limitado. El movimiento del campo a la ciudad es un fenómeno vinculado con la industrialización y la revolución agrícola. Al no haber en España una clara modernización agrícola y siendo la industrialización lenta y tardía, el éxodo rural no comenzó hasta finales del siglo XIX, siendo más evidente en el XX. Solamente destacaron como ciudades Madrid y Barcelona.

La nueva sociedad y sus problemas

La Revolución liberal-burguesa supuso la transformación de una sociedad estamental en una de clases. La sociedad no se dividiría ya en estamentos cerrados y definidos jurídicamente. Se estableció el principio de igualdad ante la ley. El criterio definidor de la división social sería el económico: clases alta, media o baja; o por el papel desempeñado en el proceso de producción: burguesía y proletariado o clase obrera.

Las clases son abiertas, y podría haber ascenso o descenso social: la llamada movilidad vertical, aunque muy limitada en la España del siglo XIX. La pertenencia a una clase venía determinada por los cambios en la situación económica del individuo y no por decisiones ajenas a él, como la concesión de un título de nobleza, por ejemplo.

La clase dominante estuvo formada por la alta nobleza que conservaba sus títulos, aunque no los privilegios feudales. Los nobles terminaron por integrarse perfectamente en la nueva clase dirigente. Aquellos que poseían señoríos salieron favorecidos al apropiarse de los mismos y convertir sus antiguos mayorazgos en propiedades privadas. La alta burguesía emergió al beneficiarse de la compra de tierras desamortizadas y por sus inversiones financieras. Así pues, se conformó una oligarquía terrateniente, financiera e industrial. Era la clase dirigente en el nuevo Estado, base del poder de los conservadores y reacia a la democratización del sistema político.

Las clases medias conformaron un grupo heterogéneo formado por la pequeña burguesía de comerciantes, pequeños empresarios, funcionarios y profesionales liberales. En comparación con los países de Europa occidental, esta burguesía, a pesar de ser muy activa, fue débil.

El campesinado siguió siendo el grupo mayoritario. En el sur abundaban los jornaleros, que fueron los grandes sacrificados de las reformas liberales que no les reconocieron derecho alguno sobre tierras señoriales ni comunales. Tampoco pudieron comprar las tierras desamortizadas. En el centro y norte peninsulares abundaron los pequeños propietarios de tierra.

El proletariado urbano era una clase en aumento y nutrida por el incipiente éxodo rural y por los antiguos artesanos de talleres gremiales abolidos por el liberalismo. Comenzaron a tener peso en las zonas de mayor industrialización.

No debe olvidarse, tampoco, el alto número de personas que trabajaban en el servicio doméstico. La frontera que separaba a las clases humildes de los grupos sociales excluidos o marginados no es fácil de trazar en el siglo XIX. Podemos establecer algunas categorías, pero con reservas, porque muchas personas con trabajo vivían en situaciones muy calamitosas.

En primer lugar, estarían los denominados "pobres naturales" o "pobres de solemnidad". En el sur de España fueron numerosos, y había más mujeres que hombres. Eran los mendigos a las puertas de las Iglesias, los expósitos de las inclusas, los huérfanos de los hospicios, viudas que no recibían pensión alguna y en muchos casos con hijos a su cargo, ancianos abandonados, enfermos crónicos y personas con algún tipo de minusvalía física o psíquica sin atención o muy mal atendidos en los hospitales.

Otro amplio grupo era el conocido como el de los "vagos", "vagabundos" o "maleantes". La línea de separación con el anterior grupo no es fácil, ya que algunos mendigos podían delinquir para poder sobrevivir. En este grupo se podía incluir al amplio número de alcohólicos que había en España, fruto de la extrema dureza de la vida en un país donde el alcohol siempre ha tenido una gran aceptación social, y cuya adicción les impedía encontrar trabajo. Las autoridades incluían en este amplio grupo a los gitanos, y lo venían haciendo especialmente desde los tiempos del despotismo ilustrado. Los gitanos eran considerados vagabundos, es decir, sin domicilio fijo, algo que el poder no toleraba, y delincuentes. Fueron perseguidos constantemente y nunca se llegó a plantear una política de integración. Los homosexuales y prostitutas también eran considerados maleantes y eran perseguidos, aunque con la prostitución siempre hubo una doble moral. Por fin, habría que mencionar a la población reclusa, los presidiarios.

La inexistencia de un Estado del Bienestar dejaba a su suerte a muchos españoles que podían quedarse sin empleo, enfermar gravemente, sufrir accidentes laborales o llegar a una edad en la que ya no se podía trabajar.

Tradicionalmente, la Iglesia había sido la institución que más atención prestaba a los necesitados de todo tipo, aunque, desde los tiempos del despotismo ilustrado, el Estado fue adquiriendo cada vez más protagonismo en esta tarea motivado por una filosofía mayoritariamente utilitarista. Si la Iglesia practicaba la caridad a través de hospitales, distribuciones de alimentos (sopa boba) y limosna, el Estado quería convertir al mayor número posible de pobres, vagabundos y excluidos en personas útiles, por lo que, además de encarcelar a los que delinquían, intentaba emplear al resto en obras públicas o reclutarlos en el Ejército. También conviene destacar que durante el siglo XIX adquirieron importancia los establecimientos de beneficencia municipales. Por su parte, el movimiento obrero luchó por los derechos sociales y se crearon Sociedades de Socorros Mutuos. Habría que esperar a fines del XIX para que comenzara a pensarse en la necesidad de que el Estado interviniese en esta materia. La institución pionera sería la Comisión de Reformas Sociales (1883). Su secretario, Gumersindo de Azcárate, elaboró un exhaustivo cuestionario para que se realizase una investigación sobre la situación de las clases trabajadoras. Ya en el siglo XX se pondrían en marcha el Instituto de Reformas Sociales (1903) y el Instituto Nacional de Previsión (1908).

Por último, no cabe duda que en el siglo XIX la población urbana creció, y con el avance industrial y de los servicios comenzó a cambiar la composición de la población activa.

El movimiento obrero

Las condiciones laborales y de vida eran especialmente duras para la clase obrera: jornadas superiores a las doce horas, trabajo de mujeres y niños con menos salario, gran cantidad de accidentes laborales, falta de higiene en el trabajo y las viviendas, y ausencia total de prestaciones sociales al margen de la beneficencia y paro.

Por su parte, las condiciones del jornalero agrícola no eran más favorables con salarios de hambre, paro estacional y carencia de tierra propia. Los jornaleros solamente encontraron dos alternativas: emigrar a los centros industriales, u optar por soluciones desesperadas como la ocupación de tierras o el bandolerismo.

Las primeras manifestaciones del movimiento obrero sucedieron en Cataluña, donde se dieron protestas aisladas y violentas en las que se destruyeron máquinas y se incendiaron fábricas en una suerte de ludismo. Posteriormente, se crearon Sociedades de Socorros Mutuos para cubrir las necesidades de los asociados relacionadas con la enfermedad y la vejez. Muchas de estas Sociedades terminaron por ser Sociedades de Resistencia, completamente prohibidas por las autoridades.

En cuanto a las agitaciones campesinas en Andalucía, el hambre empujó a la ocupación ilegal de tierras, pero su carácter local y poco organizado facilitó la intervención militar y la represión, especialmente, cuando se creó la Guardia Civil.

El movimiento obrero durante el Sexenio vivió un período de expansión gracias a dos factores. En primer lugar, el reconocimiento de la libertad de asociación facilitó que las organizaciones obreras salieran a la luz. Y en segundo lugar, es evidente la repercusión que tuvo en España la creación de la AIT en Londres. Los Congresos Obreros de 1865 a 1868 gozaron de mucha importancia en España.

Bakunin envió a España a Giuseppe Fanelli para organizar la sección española de la AIT dentro de la corriente anarquista. Se crearon dos: una en Madrid y otra en Barcelona. Por su parte, en 1871 llegaba a Madrid Paul Lafargue, yerno de Marx, para reconducir hacia el marxismo a los internacionalistas españoles. Lo consiguió en un grupo de la sección madrileña, que constituyó la Nueva Federación Madrileña, en la que estaba el tipógrafo Pablo Iglesias. Así pues, desde el primer momento, surgió la escisión del movimiento obrero español entre anarquistas y socialistas. Cuando esta separación se materializase en 1872 en la Internacional, la Federación Regional Española de la AIT se sumaría a los principios anarquistas rechazando los marxistas. De ese modo, se consolidaba la corriente anarquista en el movimiento obrero español. Su apoyo a la insurrección cantonalista y el fracaso de la misma supuso la muerte de la Federación. Serrano decretaba la ilegalidad de la AIT y de las asociaciones obreras, que se extinguieron o pasaron a la clandestinidad.

Desde 1881 el clima fue más favorable a las organizaciones obreras al subir Sagasta al poder. En 1887 se da la legalización definitiva de las mismas. La importancia de la clase obrera aumenta a medida que se produce la progresiva industrialización. Socialistas y anarquistas se van organizando por separado, y a partir de 1879 aparecerán organizaciones católicas.

El anarquismo fue la corriente mayoritaria dentro del movimiento obrero español. Los anarquistas rechazaban la acción política. Fue muy activo el sector partidario de la violencia terrorista de la "propaganda por el hecho". En los años noventa se entró en una dinámica de atentado, represión con fusilamientos, nuevo atentado como represalia y nueva represión, naciendo en ese momento una legislación antiterrorista.

Por su parte, un grupo madrileño, donde dominaban los tipógrafos con Pablo Iglesias como figura fundamental, fundaba en la clandestinidad el PSOE en 1879, cuyas aspiraciones serían la abolición de las clases sociales, la emancipación de los trabajadores, la transformación de la propiedad individual en propiedad social y la posesión del poder político por la clase trabajadora. En 1888 se creaba la UGT como sindicato del partido.

En el año 1890 se establece por el movimiento obrero el primero de mayo como día del trabajo. Los socialistas convocaron manifestaciones en Madrid, Barcelona y Bilbao el 4 de mayo (domingo). La patronal optará por los despidos en la última ciudad. En respuesta, se desencadenó una huelga general en Bilbao donde las condiciones de vida de los obreros eran, además, peores. Es una victoria de los obreros: jornada promedio de diez horas, abolición del *truck system* y el fin de la obligación de residir en barracones. Aunque los anarquistas también participaron en el primero de mayo, este terminó vinculándose al movimiento obrero socialista.

El jesuita Antonio Vicent fundaba en 1879 los Círculos Católicos a imitación de los Círculos obreros franceses. Eran casinos populares ideados para apartar a los obreros de las tabernas y contaban con el apoyo de los patronos. En 1891, el Papa León XIII publica la encíclica *Rerum Novarum,* como respuesta de la Iglesia al auge del movimiento obrero. En ella, las organizaciones católicas encontraron una carta de derechos sociales, así como la doctrina oficial de la Iglesia en materia social. La iglesia quería que los círculos adquirieran un cariz social, y en 1895 se constituía en Madrid el Consejo Nacional de las Corporaciones Católico-Obreras, que agrupaba a los círculos, cooperativas y patronatos católicos. A las organizaciones católicas se les acusó por parte de los sindicatos de clase de colaborar con los patronos.

La mujer

La Revolución Liberal no supuso un cambio sustancial en la situación de la mujer, ni en la política, ya que no podía votar ni ser votada, ni en su papel social. La mujer siguió siendo el eje fundamental del hogar y de la familia. En principio, su incorporación al mundo laboral fue escasa, aunque fue aumentando a medida que el país se fue transformando económicamente, aunque de forma lenta y discontinua. En el campo continuó su presencia en las tareas agrícolas y en el mundo industrial comenzó a ocupar puestos de baja cualificación y siempre de menor remuneración salarial. En las ciudades, el sector doméstico fue su principal destino laboral, aunque también se hicieron un hueco en la industria textil, y ya más adelante, en el siglo XX, en el ámbito de las oficinas con la modernización económica.

En las clases media y alta, la mujer continuó desempeñando labores de organización y administración de sus respectivas casas y familias y además siguió siendo un elemento fundamental en los matrimonios de conveniencia. Las mujeres de estas clases altas participaron activamente en cuestiones de caridad y beneficencia, como fue el caso de la Junta de Damas de Honor y Mérito de Madrid, que se encargó de administrar la Inclusa y el Colegio de las Niñas de la Paz.

Las mujeres solteras pudieron desempeñar algunas actividades profesionales, pero cuando se casaban perdían su autonomía, aunque siempre conservaron la propiedad de sus dotes o de las herencias propias incorporadas al matrimonio. A partir de la Revolución de 1868 se pueden apreciar los primeros intentos de mejorar la condición social de las mujeres, pero siempre gracias a figuras, que siendo importantes y que han dejado su impronta en la historia española, estuvieron muy aisladas. Destacaron tres mujeres: Concepción Arenal, Emilia Pardo Bazán y Rosalía de Castro. Se esforzaron en defender cambios jurídicos y educativos.Las inquietudes a favor de las mujeres terminaron por calar en los movimientos de renovación pedagógica, especialmente desde el krausismo y la Institución Libre de Enseñanza. Se defendió la necesidad de mejorar el nivel educativo de las mujeres por considerarse que eran protagonistas también del progreso del país, habida cuenta del elevado grado de analfabetismo que padecían. En este sentido, es importante destacar la iniciativa de Fernando de Castro de 1871 con la creación de la Asociación para la Enseñanza de la Mujer.

En los inicios del siglo XX asistimos a la aparición de las primeras organizaciones femeninas que, aunque no pueden ser integradas claramente en el sufragismo, sí demandaban un mayor protagonismo para la mujer en la sociedad, así como una serie de reivindicaciones laborales y educativas. En el año 1918 nació la Asociación Nacional de Mujeres Españolas, que defendía reformas en el Código Civil, la represión de la prostitución legalizada, la promoción educativa y el derecho de la mujer a ejercer profesiones liberales.

El caso catalán en relación con la emancipación de la mujer es importante por su impulso, parejo al de otros movimientos sociales, dada su evidente modernidad económica y social. Esta preocupación por la mujer se inició a partir de la Revolución de 1868 en medios federales, anarquistas y librepensadores. Este primer feminismo, fuera republicano o de tendencia libertaria, se centró en la lucha para apartar a la mujer de la influencia clerical, pero no en la defensa del sufragismo, ya que se consideraba que sin la previa emancipación moral e intelectual de la mujer, otorgarle el voto serviría para reforzar las opciones políticas conservadoras y favorables a la Iglesia. Esta cuestión generaría disputas en el futuro en el seno de la izquierda, que se materializarán en el debate constitucional de 1931 sobre el voto de las mujeres.

La primera organización feminista fundada y dirigida por mujeres fue la Sociedad Autónoma de Mujeres de Barcelona, nacida en 1889. Estuvo impulsada por la espiritista Amalia Domingo Soler, la anarquista Teresa

Claramunt y la republicana, masona y librepensadora Ángeles López de Ayala. Esta Sociedad celebraba veladas pedagógicas y recreativas dedicadas a las mujeres. A esta organización le sucedió la Sociedad Progresiva Femenina, creada por López de Ayala en 1898 en Gracia. Mantenía una escuela laica diurna y otra nocturna, además de organizar una compañía de teatro y un orfeón, que actuaban en centros obreros. Durante casi dos décadas, esta Sociedad impulsó casi todas las manifestaciones feministas, laicas y librepensadoras de Cataluña.

Desde el principio del siglo XX hasta 1918, el feminismo catalán encontró un aliado en el radicalismo lerrouxista. En 1906, Ángeles López de Ayala fundó en Barcelona la revista *El Gladiador*, destinada a las mujeres, y que fue el órgano oficial de la Sociedad Progresiva Femenina. Allí colaboraron lerrouxistas, espiritistas, masones y las "Damas Radicales". Al desaparecer esta publicación, López de Ayala fundó *El Libertador* en el año 1910, cuyo subtítulo llevaba la siguiente nota: "Periódico defensor de la mujer y órgano nacional del Librepensamiento". En 1914 impulsó *El Gladiador del Librepensamiento*, que desapareció en 1920 junto con la Sociedad Progresiva.

El 10 de julio de 1910 se produjo la primera manifestación de mujeres en Barcelona, teniendo una asistencia de entre diez y quince mil personas. Fue organizada por la organización feminista con el apoyo de los radicales.

En estas décadas primeras del siglo XX veremos surgir, además, un movimiento de mujeres ligado a la burguesía catalana. Destacaron Dolors Monserdà y el grupo de la revista *Or i Grana* (1906-1907), Carmen Karr, directora de *Feminal* (1907-1917) y Francesca Bonnemaison, creadora del Institut de Cultura y de la Biblioteca Popular per la Dona (1910).

En 1918 se fundaba la Asociación Nacional de Mujeres de España, por Consuelo González Ramos y María Espinosa de los Monteros, para luchar por el sufragio femenino. En ella se integraron Clara Campoamor, Victoria Kent, Elisa Soriano, etc. Fomentó, junto con otras asociaciones, la creación del Consejo Supremo Feminista de España.

Pero no podemos olvidar tampoco a la Unión de Mujeres de España, la Juventud Universitaria Feminista, Acción Femenina, y Cruzada de Mujeres Española, donde destacó Carmen de Burgos.

Debemos aludir también a la creación del Lyceum Club Femenino, que existió entre 1926 y 1939 impulsada por María de Maeztu y formada por una élite femenina muy activa compuesta por Victoria Kent, Zenobia Camprubí, Isabel Oyarzábal, etc. Su objetivo fue la defensa de los derechos de la mujer y establecer un espacio donde las mujeres pudieran desarrollar su interés profesional y cultural.

En el ámbito del movimiento obrero, el anarquismo siempre fue muy favorable a la causa femenina. El feminismo tuvo más dificultades para abrirse camino dentro del movimiento socialista, aunque terminaría por incorporar sus reivindicaciones, destacándose la figura de María Cambrils.

La Dictadura de Primo de Rivera fue el primer régimen que planteó ciertos derechos de sufragio para la mujer. El Estatuto Municipal de 1924 y el Provincial de 1925 establecieron la posibilidad de que las mujeres pudieran votar y ser elegidas, aunque las votantes tendrían que ser mujeres cabezas de familia. En todo caso, nunca hubo elecciones a ninguno de estos dos niveles administrativos. En la posterior Asamblea Nacional Consultiva se permitió la presencia de mujeres de cualquier estado, aunque las casadas necesitaban el permiso del marido.

En las elecciones a Cortes Constituyentes de junio de 1931 se reconoció a las mujeres el derecho a ser elegidas, aunque no a elegir. Diputadas fueron Clara Campoamor, Victoria Kent y Margarita Nelken.

Entre los intensísimos debates constitucionales estaría el del reconocimiento del derecho al sufragio femenino.

El debate sobre el artículo correspondiente comenzó el 30 de septiembre, al discutirse sobre el derecho a votar a los hombres mayores de veintitrés años y a las mujeres a partir de los cuarenta y cinco. Ya Clara Campoamor cargó contra esta discriminación. El 1 de octubre intervino Victoria Kent desaconsejando el reconocimiento del sufragio femenino por el momento, empleando un argumento que usó parte del republicanismo y la izquierda en el debate general que se suscitó en el país. Nos referimos a la idea que supuestamente la mujer, por la fuerte influencia de la Iglesia, podía hacer peligrar con su voto la estabilidad de la República. Victoria Kent opinaba que cuando la mujer se diera cuenta de las virtudes de la República, se convertiría en su mayor defensora.

Clara Campoamor respondió intentando demostrar que en la campaña electoral había visto a las mujeres comprometidas con la República. La única manera de "madurarse" para el ejercicio de la libertad y hacerla accesible a todos era "caminar dentro de ella".

Al final, salió reconocido el derecho de las mujeres en plano de igualdad con los hombres (veintitrés años) por 161 votos a favor por 121 en contra, pero con 188 abstenciones. Votó a favor el PSOE, aunque algunos socialistas no acudieron a votar. También votaron favorablemente diputados de distintos grupos republicanos federales, progresistas, catalanistas, gallegos, y los diputados de la derecha minoritaria en la Cámara. En contra lo hicieron los grupos republicanos fuertes, es decir, Acción Republicana, el Partido Republicano Radical y el Partido Republicano Radical-Socialista, aunque hubo excepciones entre algunos diputados de estos grupos.

De esta manera, las mujeres españolas pudieron votar por vez primera en las elecciones de otoño de 1933.

El Estado liberal

El triunfo del liberalismo moderado: la Década Moderada

Isabel II fue proclamada mayor de edad en 1843. Los veinticinco años de su reinado, después de las Regencias previas, estuvieron marcados por las agitaciones sociales, la inestabilidad política y los escándalos de la Corte. Las tensiones entre moderados y progresistas, entre el mantenimiento del orden y la instauración de las libertades, sumadas a la pertinaz resistencia a los cambios en algunos sectores de la sociedad española y el desigual desarrollo económico, no pudieron evitar el afianzamiento del Estado liberal en España, aunque se desarrollase en una versión muy moderada.

A lo largo de la época isabelina, las principales tendencias liberales siguieron siendo la moderada y la progresista, que se fueron convirtiendo en partidos políticos más organizados, aunque distintos a los posteriores partidos de masas. También aparecieron otros partidos, como el Demócrata y la Unión Liberal.

El Partido Moderado estaba formado por seguidores del liberalismo doctrinario. Defendían la soberanía compartida entre la Corona y las Cortes; la Corona tendría el derecho de veto, podría nombrar y separar el Gobierno y disolver las Cortes. El mantenimiento del orden público era una de sus principales principios, por lo que tendía a restringir los derechos y libertades. Aplicó el sufragio censitario más restrictivo. Su base social estaba compuesta por la aristocracia, la burguesía financiera, industrial y comercial y los altos cargos del Estado y del Ejército. Contaron, generalmente, con el apoyo de la Corona. Narváez fue el principal valedor de esta tendencia política.

El Partido Progresista promulgaba la soberanía nacional, un sufragio censitario menos restringido que el defendido por los moderados, apoyaba el mantenimiento de la Milicia Nacional y defendía el reconocimiento y extensión de los derechos individuales. En relación con la Corona los progresistas querían que tuviera poderes más limitados, aunque reconocía su facultad de disolver las Cortes. Su base social se encontraba en la pequeña burguesía de comerciantes, artesanos y oficiales militares de baja graduación. Ejercieron la oposición en el Congreso y la prensa, y dadas sus dificultades para acceder al poder debido al monopolio moderado, recurrieron frecuentemente a los pronunciamientos militares. Espartero fue uno de sus principales miembros, aunque mantuvo con el Partido una compleja relación. Después destacaría Prim

El Partido Demócrata surgió en 1849 como una escisión del ala radical del progresismo, incorporando también a republicanos y hasta socialistas de una primera época. Todas las distintas tendencias aglutinadas dentro de este partido terminarían por enfrentarse. Defendía claramente el sufragio universal, la extensión de los derechos y la intervención del Estado en algunas cuestiones, apostando fuertemente por la educación.

La Unión Liberal apareció en 1854, en relación con el general O'Donnell. Aglutinó a moderados y progresistas en una suerte de centro político. Pretendía armonizar el orden con la libertad con el objetivo de renovar el sistema político, aunque tendió hacia el moderantismo.

Al margen del liberalismo, seguirían los carlistas que, con el tiempo, organizarían sus propios partidos.

Pero estas formaciones políticas apenas tenían contacto con la realidad social. La escasa participación electoral hacía del pueblo un mero espectador de la vida política. Tenemos que tener en cuenta que el sufragio era censitario y que el porcentaje de votantes de sexo masculino siempre fue muy escaso. Además, la maquinaria electoral estuvo siempre al servicio de los intereses del Gobierno gracias a las leyes electorales de 1837 y 1846, que daban mucho poder a los jefes políticos y a los notables locales, los conocidos en la época posterior de la Restauración como caciques, que organizaban y negociaban los resultados gracias a una amplia red clientelar de fidelidades.

Por último, debemos insistir en la constante presencia de los militares en la política española isabelina. Los pronunciamientos continuaron y, en ocasiones, sustituyeron a la mecánica electoral para asegurar cambios políticos.La principal figura política de la primera década del reinado efectivo de Isabel II fue el general Narváez. Estableció un sistema de fuerte autoritarismo que intentó frenar a las clases sociales desfavorecidas y proporcionó la estabilidad necesaria para que la burguesía pudiera enriquecerse, en línea con lo que hacían otros regímenes políticos europeos.

La Constitución de esta época, y que estuvo en vigor hasta el Sexenio Democrático, es la de 1845. Se trataba de un texto moderado, cuyas principales características son las siguientes: soberanía compartida entre las Cortes y la Corona, limitación de derechos, especialmente los de imprenta y reunión, bicameralismo (Congreso y Senado, siendo los senadores de designación real), supresión de la Milicia Nacional, unidad católica y un sufragio censitario muy estricto.

Los Gobiernos de la década moderada emprendieron una intensa actividad legislativa para asentar las bases del Estado liberal según sus planteamientos.

En relación con la organización territorial del Estado, se reafirmó el centralismo, manteniendo la división provincial de Javier de Burgos, apareciendo la figura del gobernador civil y la institución de las diputaciones provinciales. Los alcaldes pasaron a ser designados por el rey en los grandes municipios, o por los gobernadores en los pequeños.

Se intentó independizar la administración de la política con la creación de una burocracia con la *Ley de Funcionarios*, que fijó el sistema de acceso a los cuerpos de la administración y el sistema de ascensos en virtud de la antigüedad y los méritos.La Ley de Alejandro Mon y Ramón de Santillán de 1845 pretendía sanear la maltrecha hacienda española, como hemos visto.

Los moderados tenían en el mantenimiento del orden público una de sus grandes prioridades. Elaboraron un nuevo Código Penal (1848). También, crearon la Guardia Civil, un cuerpo militar con funciones civiles de mantenimiento del orden en el medio rural.

En otro orden de cosas, destacaría la preocupación por las obras públicas, especialmente en el Gobierno de Juan Bravo Murillo (1851-53): caminos, primera Ley de ferrocarriles, Ley de puertos, canalización del Ebro y creación del Canal de Isabel II.

Aunque los moderados no dieron marcha atrás en relación con la desamortización emprendida por Mendizábal, intentaron recomponer las relaciones con la Iglesia. En 1851 firmaron un Concordato con la Santa Sede. El Estado reconocía a la religión católica como la única de la nación española, se aceptó la inspección eclesiástica del sistema educativo para adecuarlo a la moral católica, se reconoció el derecho de la Iglesia a adquirir bienes, aunque tuvo que aceptar las ventas ya hechas por la desamortización, se permitió la existencia de órdenes religiosas masculinas y se creó la contribución de "culto y clero", lo que suponía que el Estado iba a mantener a la Iglesia en sus presupuestos.

La década moderada entró en crisis en 1854, muy vinculada con la profusión de casos de corrupción. Además, la situación económica de crisis alentó la tensión social. Bravo Murillo reaccionó gobernando con más dureza, por lo que la presión de la oposición se radicalizó.

El intermedio progresista

El 28 de junio de 1854 se dio la Vicalvarada, con los generales Dulce, O'Donnell y Ros de Olano como protagonistas. La situación se mantuvo incierta hasta que los sublevados publicaron el *Manifiesto de Manzanares*, que recogía algunas de las propuestas progresistas. Se dieron varios levantamientos en algunas ciudades que terminaron por forzar a Isabel II a recurrir a Espartero, quien se autoproclamó presidente del Consejo de Ministros. O'Donnell ocupó la cartera de Guerra.

El nuevo Gobierno restauró la Constitución de 1837 e inició la redacción de un nuevo texto constitucional, el de 1856, pero que no llegó nunca a entrar en vigor (establecía la soberanía nacional y ampliaba los derechos individuales). Se aprobó una nueva Ley municipal en línea progresista, con ampliación del derecho de sufragio y no intervención del Gobierno en la elección de los alcaldes. En este bienio se emprendió una nueva desamortización (1855), la impulsada por Pascual Madoz, como hemos visto.

La alternativa centrista: la Unión Liberal

En 1855, el estallido de una huelga en Barcelona y la propagación de una epidemia de cólera contribuyeron a enrarecer la situación política, marcada, desde 1854, por los sucesivos cambios de Gobierno a causa de la difícil convivencia entre progresistas y unionistas.

En el verano de 1856, aprovechando el desconcierto provocado por unas revueltas populares en Madrid, O'Donnell abolió la Milicia Nacional y volvió a proclamar la Constitución de 1845, al tiempo que apartaba a Espartero del poder. Pero tres meses después, la reina apartó a O'Donnell y optó por Narváez, más afín a sus planteamientos.

La crisis económica y social de 1856-57 y las revueltas campesinas andaluzas provocaron varios cambios de Gobierno. Narváez dimitió y O'Donnell regresó en 1858.

Los años de O'Donnell y la Unión Liberal se caracterizaron por una mayor estabilidad política y por un cierto crecimiento económico favorecido por la coyuntura internacional.

En el terreno político se realizó una labor en consonancia más con las ideas moderadas. Por otro lado, se puso algo de énfasis en dar una imagen de mayor honestidad política en las elecciones y se iniciaron algunos procesos contra políticos corruptos. Pero todo quedó en lo superficial, ya que Posada Herrera comenzó a destacarse, desde lacartera de Gobernación, por su habilidad para componer los resultados electorales a conveniencia.

En la época de la Unión Liberal se emprendió una activa política exterior, con una serie de guerras que perseguían restaurar el prestigio de España, aunque, realmente, no pasaron de ser aventuras militares sin grandes resultados pero que contentaron al Ejército y crearon un ambiente de relativa euforia patriótica. Se produjeron las siguientes empresas militares: expedición a la Conchinchina para defender a unos misioneros; guerra en Marruecos (1859-1860), con la conquista de Tetuán, en la cual se implicó el propio O'Donnell; expedición a México, junto con Francia e Inglaterra para reclamar el pago de la deuda; intervención en Santo Domingo, siendo el país anexionado durante cuatro años (1861-1865); y envío de una flota a Chile y Perú, con quienes se tenían malas relaciones.

La crisis final

A los escasos beneficios obtenidos de la política exterior se añadieron las tensiones originadas por los carlistas y una serie de revueltas sociales que provocaron la caída del Gobierno de O'Donnell. La reina nombró un Gobierno moderado, y los progresistas y unionistas optaron por el retraimiento político. Durante algo más de un año se vivió una fuerte inestabilidad política y la reina optó por recurrir a Narváez. Se planteó una especie de alternancia entre moderados y unionistas para dar estabilidad al sistema, pero la camarilla de la reina y gran parte del partido moderado se negaron, frustrándose así el proyecto. Por su parte, los progresistas optaron por acercarse a los demócratas.

En este panorama estalló la crisis económica de 1866, que tuvo un claro origen en la especulación en torno a la construcción ferroviaria y que arrastró a los bancos. A la crisis industrial y financiera se unió una dura crisis de subsistencias que afectó a las clases más necesitadas, provocando motines populares contra los altos precios del pan.

Durante estos últimos años del reinado de Isabel II se dieron una serie de acontecimientos que hacían presagiar el final del mismo. En primer lugar, estaba el desprestigio de la reina y su Corte. El incidente de la conocida como "noche de San Daniel" se generó a raíz de un artículo del catedrático Emilio Castelar, que criticaba a la reina por no haber cedido su patrimonio para reducir la deuda pública. Fue separado de su cátedra, provocando la repulsa de los universitarios y una fuerte represión. En enero de 1866 el general Prim se sublevó, pero fracasó, y también se produjo el pronunciamiento del Cuartel de San Gil de Madrid, que fue fuertemente reprimido.

O'Donnell murió en 1867 y al año siguiente Narváez. La reina ya no contaba con valedores.

La alternativa democrática del Sexenio Democrático

La Revolución Gloriosa

El Pacto de Ostende, que unió a progresistas y demócratas contra el sistema isabelino, se firmó en 1866. A la muerte de O'Donnell, los unionistas se unieron al pacto. De ese modo se ponía en marcha una alternativa democrática a un sistema liberal muy conservador.

El 17 de septiembre de 1868 la revolución se iniciaba con la sublevación del almirante Topete en la bahía de Cádiz apoyado por Prim (progresista) y Serrano (Unión Liberal). El movimiento se extendió por todas partes con levantamientos populares y con la organización de juntas revolucionarias locales. Serrano venció al Ejército gubernamental en Alcolea. La reina huyó a Francia. Se constituyó un Gobierno provisional presidido por el general Serrano, y se convocaron elecciones a Cortes Constituyentes por sufragio universal.

Bajo la aparente unidad de los protagonistas de la Revolución habría dos grandes bloques sociopolíticos. En primer lugar estaban los integrantes del Pacto de Ostende, es decir, progresistas, unionistas y demócratas moderados, cuya base social estaba formada por la clase media que se identificaba con los planteamientos del Gobierno provisional. Aspiraban a un cambio meramente político con un régimen más abierto y representativo que el isabelino, pero sin planteamientos sociales radicales. Por otro lado estaban los republicanos escindidos del Partido Demócrata, que tenían el apoyo popular. Pretendían cambios políticos más profundos, como el establecimiento de la República y la defensa de un programa de reformas socioeconómicas. Sus propuestas coincidían con las de las juntas revolucionarias disueltas por el Gobierno provisional.

Los votantes dieron la mayoría absoluta a las fuerzas gubernamentales: unionistas, progresistas y demócratas monárquicos con 236 escaños. Lejos quedan los republicanos y los carlistas, con 80 y 20 diputados, respectivamente. De estas Cortes resultará la Constitución de 1869, la primera democrática. Dicho texto contaba con una avanzada declaración de derechos individuales: derecho a la participación política, sufragio universal masculino, libertad de imprenta, libertad de culto, aunque la nación estaría obligada a mantener el culto y a los ministros de la religión católica, y derechos de reunión y de asociación. Se establecía claramente la soberanía nacional. Todos los poderes emanarían de la nación. Y, por fin, se estructuraba una clara división de poderes con un sistema bicameral. La Monarquía sería parlamentaria, por lo que las Cortes adquirían un evidente protagonismo pudiendo controlar al ejecutivo.

Aprobada la Constitución, Serrano sería nombrado regente y Prim jefe del gobierno. El objetivo era buscar un monarca y frenar la insurrección en Cuba iniciada en 1868, además de las sublevaciones de los republicanos, desengañados por la falta de soluciones para la cuestión social y por la decisión de mantener la Monarquía.

La Monarquía democrática: el reinado de Amadeo I

El problema de quién debía ocupar el trono de España se convirtió en una cuestión internacional que retrasó más el período de provisionalidad del Gobierno y permitió que, a pesar de los esfuerzos de Prim, la oposición de republicanos y carlistas creciera.

El candidato que pareció más idóneo sería el hijo de Víctor Manuel II rey de Italia, Amadeo de Saboya. En principio, cumplía todos los requisitos: era miembro de una Casa Real liberal, era católico y su elección no inquietaba ni a Francia ni a Prusia. Las Cortes le nombraron rey el 16 de noviembre de 1870 por un escaso margen de votos. El rasgo principal del reinado de Amadeo fue la inestabilidad social y política auspiciada por una serie de problemas.

En primer lugar, estaría el asesinato del general Prim, víctima de un atentado poco antes de que llegara Amadeo a España. Era su principal valedor y su más firme apoyo y había conseguido mantener unida a la coalición monárquico-democrática.

El gran problema de la Monarquía fue la división interna de la coalición, que se escindió en dos grandes partidos. Sagasta lideraba el Partido Constitucionalista, siendo el más conservador y partidario de contener los avances democráticos, frente al Partido Radical de Ruiz Zorrilla.

En tercer lugar hay que señalar el desencadenamiento de la tercera guerra carlista en mayo de 1872. También continuaba el conflicto en Cuba.

Los monárquicos borbónicos y la Iglesia Católica tampoco congeniaban con el nuevo régimen: los primeros por cuestiones dinásticas y la segunda porque el rey era un Saboya, una dinastía que había despojado a la Iglesia de los Estados Pontificios.

Amadeo, decepcionado del curso que estaba tomando la política estatal, aprovechó un pretexto para abdicar el 11 de febrero de 1873.

La Primera República

Ante la abdicación del rey, las Cortes, en reunión conjunta del Congreso y Senado, proclamaron la República por 285 votos contra 32, pero este hecho no consiguió estabilizar el sistema, ya que a los problemas heredados - guerra carlista, guerra de Cuba, etc-, se añadía dentro de las filas republicanas la división entre unitarios y federalistas.

La República tuvo cuatro presidentes: Estanislao Figueras, Francisco Pi i Margall, Nicolás Salmerón y Emilio Castelar.

Durante la época de Figueras se produjeron diversos intentos de pronunciamientos y se recrudeció la presión del movimiento obrero. En mayo se celebran elecciones a Cortes Constituyentes en las que triunfaron los republicanos federalistas con aplastante mayoría de 344 diputados sobre 391. Se elaboró un proyecto constitucional que recogía una estructura federal del Estado: España se organizaría en 17 estados federales.

Con Pi i Margall, el intento de imponer desde arriba una estructura federal de forma ordenada fracasó. El cantonalismo se extendió con gran rapidez en gran parte del país. Los cantones debían convertirse en unidades políticas inferiores a partir de las cuales se debería formar la federación española. El cantonalismo tuvo, también, un evidente componente social reivindicativo de signo libertario. Alcoy y Cartagena fueron las principales ciudades que se proclamaron cantones. Fue muy complicado reprimir el cantonalismo, no solo por su extensión, sino también porque coincidió con la guerra carlista. Estos levantamientos provocaron la dimisión de Pi i Margall.

Tras la derrota parlamentaria del anterior, Salmerón accedió al poder en julio. Su objetivo fue restablecer el orden y envió el Ejército para sofocar el movimiento cantonalista. Con Salmerón se inicia un viraje hacia posiciones más conservadoras. Pero no duró mucho en su cargo porque dimitió por problemas de conciencia al no querer firmar sentencias de muerte impuestas por la autoridad militar.

Castelar alcanzó la presidencia en septiembre, representando el triunfo de la República conservadora. Para restablecer el orden reunió a las Cortes, que le concedieron poderes especiales para gobernar por decreto durante tres meses. Al volverse a reunir las Cortes el 2 de enero de 1874, el Gobierno se sometió a un voto de confianza que perdió.

La posibilidad de que el poder recayese de nuevo sobre los federalistas radicales ofreció un pretexto para el golpe de estado de Pavía, capitán general de Madrid, que al día siguiente ocupó el Congreso. De esta manera se ponía fin al régimen republicano.

El general Serrano estableció una dictadura que tuvo como objetivo restablecer el orden público, controlar a los carlistas y continuar la guerra de Cuba.

La Restauración

El sistema político canovista

El día 1 de diciembre de 1874 se hizo público el *Manifiesto de Sandhurst,* firmado por el príncipe Alfonso de Borbón. La importancia histórica de este texto reside en que en él comenzaban a hacerse públicas las ideas de su verdadero autor, Antonio Cánovas del Castillo, acerca de cómo se debía construir un régimen político que superase los defectos del isabelino, pero distinto al establecido en 1869 con la Monarquía democrática de Amadeo de Saboya y, por supuesto, radicalmente contrario al régimen republicano que se había liquidado unos meses antes. Ese sistema político era la Restauración, que con algunos cambios y reformas duraría hasta el golpe de Primo de Rivera en 1923.

Alfonso se reconocía como el legítimo heredero de la Corona española. Su madre había abdicado en 1870 en París. El *Manifiesto* quería dejar claro a los españoles que la solución monárquica encarnada en Alfonso era la mejor opción, y para ello se empleaba el argumento histórico, tan querido por Cánovas. La Monarquía habría salvado la crisis de la guerra de la Independencia y había superado en 1840 la guerra civil. Pero, sobre todo, se convertía en el garante del orden después del supuesto caos que se habría dado con la República.

El *Manifiesto* planteaba el programa político de la Monarquía restaurada, que sería constitucional, con un régimen político flexible y no autoritario, con aceptación de la voluntad nacional a través del sufragio, aunque este debía ser censitario, y con un papel fundamental para las Cortes. Con esta idea se estaba rescatando el concepto de soberanía compartida, propio del liberalismo moderado. La soberanía compartida partía de la concepción que tenía Cánovas de la Nación y de la Corona. La primera sería una creación histórica configurada en el tiempo. De su larga e intensa experiencia histórica surgiría una constitución interna, propia y particular para cada nación. La Nación española estaría representada, históricamente, en las Cortes. La Historia también era protagonista a la hora de defender el principio monárquico, ya que la española habría convertido al rey en una institución fundamental. Así pues, las Cortes y la Corona debían ejercer la soberanía conjuntamente.

La flexibilidad aludida se plasmaría en el tipo de Constitución que deseaba Cánovas. Debía tener un carácter elástico, es decir, aunque muy moderada desde una perspectiva democrática, no debía ser monolítica ni excesivamente precisa, para permitir así interpretaciones diversas por parte de los distintos Gobiernos.

Pero la flexibilidad también puede interpretarse en relación con la cuestión de los partidos políticos. Siguiendo el modelo bipartidista británico, Cánovas pretendía que el poder recayese en exclusiva en dos partidos, que se alternarían en el ejercicio del mismo. De esta manera, se evitaba el monopolio del poder ejercido por los moderados en tiempos de Isabel II. Para ello, era fundamental el compromiso de los dos partidos en mantener el sistema político y de respetar la obra de cada uno cuando alcanzase la responsabilidad gubernamental, además de ejercer una leal oposición cuando tocaba estar en ese lugar.

Cánovas estaba haciendo una demostración a favor del liberalismo, pero sin atisbos de democracia, por la que sentía verdadera alergia, siempre girando con el ejemplo de aquellos sistemas políticos que habrían respetado su Historia, en una alusión, sin nombrarlo, al británico, por el que sentía especial predilección, como hemos visto. El político malagueño pretendía la estabilización de la vida política a través de la Monarquía, recogiendo de este modo el sentir de la burguesía.

El general Martínez Campos se adelantó en diciembre de 1874 y, a pesar de los deseos de Cánovas del Castillo de que la Monarquía volviese a España por medios políticos, Alfonso XII fue proclamado rey. Tenemos que tener en cuenta que Cánovas siempre defendió la supremacía del poder civil sobre el militar.

Pero antes de consolidar el sistema político había que terminar con la tercera guerra carlista y la guerra en Cuba. En 1876 finalizaba el primer conflicto con la marcha a Francia del pretendiente Carlos VII. La guerra terminó por el desgaste militar carlista, la recuperación para el bando gubernamental de los que habían apoyado dicha causa solo como rechazo al Sexenio y por el aumento de la capacidad militar del nuevo régimen.

En 1878 se terminaba la guerra de Diez Años en Cuba gracias a la intervención del general Martínez Campos. El general combinó la estrategia militar con la política, consiguiendo que en febrero de 1878 se firmase la Paz de Zanjón, que ofrecía algunas concesiones a los rebeldes cubanos, como era la mejora de las condiciones políticas y administrativas, asemejándolas a las más favorables de Puerto Rico, y concedía una amplia amnistía. En todo caso, en agosto de 1879 estallaría la conocida como la "guerra chiquita", reducida con facilidad, pero que anunciaba la definitiva. En conclusión, el fin de ambas guerras fortaleció a la Monarquía.

Para formar el sistema de partidos Cánovas organizó el Partido Conservador y obtuvo la colaboración de Sagasta para poner en marcha el Partido Liberal. El Partido Conservador se formó en el contexto de la Revolución de 1868 como continuador del moderado. Estaba integrado por los antiguos moderados, por miembros de la Unión Católica de Pidal, y los alfonsinos de Cánovas. El Partido Liberal, por su parte, tendría su origen en la izquierda moderada burguesa del Sexenio: el Partido Constitucionalista de Sagasta, cuyo origen estaría en el progresismo anterior, con un sector de los demócratas, los republicanos posibilistas y otros grupos menores.

La Constitución de 1876 resultó ser un texto basado en la Constitución de 1845, pero con algunas aportaciones en el ámbito de los derechos de la de 1869, aunque recortados. Se caracterizó, como apuntábamos más arriba, por la elasticidad, es decir, por un articulado poco preciso que la hacía compatible con Gobiernos distintos. Se podrían aprobar y variar leyes sin cambiar la Constitución, garantizando estabilidad, algo de lo que se había carecido en el pasado. Se proclamaba la soberanía compartida entre rey y Cortes. En relación con la Declaración de Derechos se limitaba a reconocerlos y dejaba la regulación concreta de su ejercicio a leyes posteriores. En general, los conservadores los limitaban y los liberales los ampliaban según iban rotándose en el poder.

Después de un duro debate parlamentario se impuso la opinión de Cánovas: el catolicismo como religión oficial del Estado, y se prohibieron las manifestaciones públicas de otras religiones, aunque se reconoció la libertad individual de culto.

La Corona conservaba una serie de prerrogativas según la tradición moderada: mantenía el poder ejecutivo, nombraba y separaba libremente a los ministros, sancionaba y promulgaba las leyes, convocaba, disolvía y suspendía las Cortes.

El sistema legislativo era bicameral. El Senado tenía un fuerte carácter conservador, formado por senadores vitalicios por derecho propio (nobles, clero, altos funcionarios...), senadores vitalicios de nombramiento regio, senadores elegidos por los mayores contribuyentes y las corporaciones. Por su parte, el Congreso de los Diputados sería electivo. No se definía el tipo de sufragio y debía establecerse por ley. La primera sancionó el sufragio censitario, aunque los liberales terminarían por establecer el universal.

La realidad política

El funcionamiento del sistema se basaba, como hemos indicado, en el turno de partidos. El turnismo no fue un fenómeno exclusivamente español, ya que se puede ver en otros lugares de Europa: *destra y sinistra* en Italia y el *rotativismo* portugués.

Los dos partidos se relevan en el poder de manera pacífica y se concedían plazos razonables en el poder. Cuando un partido consideraba que había llegado su momento lo pactaba con el otro y con la Corona, que, según el poder que le confería la Constitución, mandaba formar Gobierno al otro partido, disolvía las Cortes y convocaba nuevas elecciones que, debidamente, manipuladas, proporcionaban la mayoría necesaria al partido en el poder. El partido saliente se convertía en la oposición y esperaba su turno.

Aunque la opinión real del electorado no importaba, la farsa, para ser completa, debía venir legitimada a través del sufragio. Los dos partidos tenían sus redes piramidales para asegurarse los resultados electorales adecuados cuando les correspondía el turno, teniendo que emplearse especialmente cuando se reconoció el sufragio universal en 1890. En Madrid estaba la oligarquía política dirigente integrada por los altos cargos políticos y personajes influyentes de los dos partidos y vinculada a las clases dominantes. En las capitales de provincia se encontrarían los gobernadores civiles. Por fin, en comarcas, pueblos y aldeas estaban los caciques locales, que eran personalidades de la zona con poder e influencias, bien por su riqueza económica, bien por su prestigio y contactos, de forma que podían controlar a mucha gente: para conseguir trabajo, una licencia administrativa, recomendación o para no despertar su peligrosa enemistad.

Con esta estructura se organizaba el fraude electoral de arriba abajo, bajo la coordinación del ministro de la Gobernación, que era el que confeccionaba el encasillado o listas de diputados, que debían ser elegidos en cada distrito electoral, reservando algunos escaños a la oposición dinástica. Los gobernadores civiles se encargaban de imponer el encasillado en su provincia, a través de los caciques Estos eran el último eslabón de la cadena y se encargaban de la manipulación directa de los resultados electorales por varios métodos: actitudes paternalistas y protectoras hacia los electores, "pucherazos" (retirada de urnas antes del recuento, cambio de urnas, añadido de votos falsos...), pasando por amenazas y extorsiones.

La capacidad del fraude era menor en las ciudades que en el medio rural, donde se mantenían viejas formas de dominación. Y fue en las grandes capitales, así como en Cataluña por el auge del catalanismo, donde a comienzos del siglo XX comenzaría a quebrarse este sistema.

En conclusión, el sistema político de la Restauración era una fachada institucional para ocultar el verdadero control del poder por parte de una oligarquía. El sufragio universal de 1890 apenas cambió el sistema.

La aportación liberal

Aunque durante la Regencia de María Cristina se turnaron Gobiernos conservadores con otros liberales, hay que destacar la labor del Gobierno liberal de Sagasta. Los liberales emprendieron un amplio programa de reformas que, en cierta medida, modernizó el sistema de la Restauración, aunque sin democratizarlo realmente. Se promulgaron los Códigos de Comercio y Civil. En 1880 se aprobó una vieja reivindicación del liberalismo progresista, la Ley del Jurado. En 1887 se promulgó la Ley de Asociaciones de 1887, que permitió la legalización de organizaciones obreras. Al calor de la misma nacería la UGT al año siguiente. Por fin, en 1890, después de una intensa polémica, se sacó adelante el sufragio universal, aunque no supuso una democratización real. Un hecho capital del final de siglo fue el asesinato de Cánovas en 1897.

Las alternativas: carlismo, republicanismo y nacionalismos

Derrotado militarmente el carlismo en 1876, no logró recuperar la importancia que había alcanzado anteriormente, pero siguió planteando una alternativa al Estado liberal, y con sus divisiones y reagrupaciones llegaría hasta el siglo XX. Se dividió en dos tendencias. En primer lugar, estaban los integristas, encabezados por Ramón Nocedal, que criticaban a Carlos VII por considerarle demasiado liberal. Defendían los valores del catolicismo y su influencia en todos los ámbitos de la vida pública. Y, además, estaban los tradicionalistas, influidos ideológicamente por Vázquez de Mella, y que creían en una Monarquía tradicional católica y un cierto regionalismo frente a las opciones de los nacionalismos vasco y catalán, considerados como separatistas. En 1906 se produjo la reconciliación entre ambas tendencias.

Duramente reprimidos en los inicios de la Restauración, los republicanos no lograron recuperarse del fracaso de la Primera República, ni extender su implantación social, a pesar de su intensa actividad y de la importancia intelectual de sus líderes. Aunque entraron en las Cortes, no obtuvieron nunca muchos escaños, aunque también es cierto que no solo por sus problemas, sino también por el fraude electoral. El mayor problema del republicanismo español era la desunión, pudiendo apreciarse hasta tres grandes corrientes. En primer lugar, estaban los federalistas, liderados por Pi i Margall. Se inclinaron hacia posturas socializantes y hallaron eco en los sectores populares de

Cataluña y Valencia, pero el republicanismo en Cataluña derivó hacia un catalanismo de izquierda, y en Valencia hacia el blasquismo. El Partido Republicano Federal se fue desdibujando a la muerte de Pi i Margall, cuando Eduardo Benot, su sucesor, no pudo mantener la formación. Por otro lado, estaban los unionistas, liderados por Nicolás Salmerón. Formaron el Partido Centralista (1891). Eran partidarios de la unidad territorial y política del Estado. Los radicales crearon el Partido Republicano Progresista, dirigido desde el exilio por Ruiz Zorrilla. Eran partidarios de la insurrección y protagonizaron algunas hasta la muerte de su líder. Por fin, habría que citar a los posibilistas, cuyo líder era Castelar. Muchos de ellos terminaron en el Partido Liberal de Sagasta al considerar que el programa de esta formación recogía parte del suyo.

En 1903 se creó la Unión Republicana, que duró hasta 1910. La formación se puso en marcha de la mano del viejo Salmerón y de Alejandro Lerroux, cuyo objetivo era unificar las distintas tendencias republicanas. Estaba formada por personalidades muy destacadas, pero, a pesar de algún empuje electoral, el republicanismo seguía dividido, especialmente por la cuestión catalana. Un grupo, con Salmerón a la cabeza, pretendía colaborar con el catalanismo, y así entrarían en la Solidaritat Catalana a raíz de la *Ley de Jurisdicciones*. Pero existía otra tendencia anticatalanista, con Lerroux a la cabeza, que terminaría fundando el Partido Republicano Radical.

El origen de los nacionalismos y regionalismos como movimientos políticos en el último tercio del siglo XIX debe buscarse en la negativa por parte del sistema de asumir otros intereses que no fueran los de la oligarquía dominante.

En el contexto del Romanticismo surgió el movimiento literario y cultural de la *Renaixença*, que pretendía recuperar la lengua y la cultura catalanas. El momento culminante llegó con la restauración de los Juegos Florales en 1859, certámenes poéticos introducidos en Cataluña en el siglo XIV.

Aunque en el Sexenio Democrático un sector de los republicanos federales trató de instaurar un estado catalán, en realidad no se puede hablar de catalanismo como movimiento político hasta la época de la Restauración.

El primer manifiesto del catalanismo fue *Lo Catalanisme* (1886) de Valentí Almirall, antiguo republicano federalista que apostaba por un catalanismo interclasista y aglutinador que pretendía el establecimiento de la autonomía política y la defensa de las señas de identidad de Cataluña. La versión conservadora del catalanismo, por su parte, llegaría con Torras i Bages, obispo de Vic con su obra *La tradició catalana* de 1890, y donde se pueden rastrear ciertas influencias del carlismo.

El más activo ideólogo del catalanismo fue Enric Prat de la Riba, miembro de la burguesía catalana e inspirador futuro de la *Lliga Regionalista de Catalunya.*

Entre los días 25 y 27 de marzo de 1892, en Manresa, la *Unió Catalanista* organizó una asamblea de delegados con el fin de elaborar el programa político de la entidad. El resultado fueron las *Bases per la Constitució Regional Catalana*, más conocidas como las *Bases de Manresa*. Este documento tenía una inspiración federal y un origen histórico en las antiguas leyes o libertades catalanas previas a 1714.

La *Lliga Regionalista* nacía en 1901 como fusión de varias organizaciones previas. Era un partido conservador que aspiraba a la autonomía de Cataluña. Su base social estaba formada por la burguesía industrial catalana. Durante las dos primeras décadas del siglo XX fue el principal partido político de Cataluña, y se puede considerar una de las primeras formaciones políticas modernas en España.

La aparición del nacionalismo vasco obedece a otras causas y orígenes. La rápida industrialización de Bizkaia en la época de la Restauración transformó la economía y la estructura social y cultural tradicionales, con una llegada masiva de inmigrantes no vascos. Por otro lado, estaría la abolición de los fueros después de la última guerra carlista. En este contexto, a partir de una idealización del pasado vasco y de la sociedad tradicional vasca católica y rural, el nacionalismo vasco rechazaba la supuesta "españolización" traída por los inmigrantes. Se produjo una reacción a lo que se veía como una agresión y se sublimó todo lo considerado genuinamente vasco, reivindicándose un Estado propio. La tradición carlista, sin ser nacionalista, confirió una cierta retórica belicista y violenta.

En 1894, Sabino Arana fundaba el PNV, formación muy conservadora, expresión de los intereses agrarios y de la pequeña burguesía tradicionalista bilbaína (la burguesía industrial estaba más identificada con Madrid). Su apoyo social comenzó siendo escaso y se limitó a Bizkaia, pero cuando evolucionó de un inicial tradicionalismo agrario y de posicionamientos radicales a posiciones más moderadas, comenzó a extenderse y a ocupar espacio político.

En 1846, en Galicia se produjo un temprano caso de levantamiento autonomista con marcado carácter progresista y revolucionario, pero fue duramente reprimido. El nacionalismo gallego se desarrolló lentamente debido al atraso económico de la región y por una burguesía con poco empuje. Por su parte, surgió el *O Rexurdimento,* de carácter cultural pero que dio a conocer ya tímidos planteamientos políticos. En 1899, Murguía, esposo de Rosalía de Castro, fundaba la Asociación Regionalista Galega. Nacía el galleguismo.

La crisis colonial

A finales del siglo XIX, España vivió una profunda crisis que tuvo como detonante las guerras de independencia colonial de Cuba (1895-1898) y de Filipinas (1896-1898). El origen de estos conflictos debe hallarse en la política llevada a cabo por los partidos dinásticos, que bloquearon todo tipo de reformas políticas, administrativas y económicas en las colonias.

La mayoría de políticos españoles era contraria a otorgar algún tipo de autonomía a Cuba, al considerar esta sinónimo de independencia. El ministro Maura intentó un plan de reformas coloniales en 1893 y las Cortes se opusieron. Esta tajante actitud provocó que aumentasen los partidarios de la independencia en Cuba. Por otro lado, se encontraban los intereses expansionistas de los Estados Unidos.

En 1895 estallaba la revuelta con José Martí y el Partido Revolucionario Cubano y los generales Máximo Gómez y Antonio Maceo como protagonistas. El conflicto tuvo un fuerte contenido revolucionario, pues muchos insurrectos eran campesinos impulsados por el partido de Martí. Pero éste moriría al poco tiempo en combate convirtiéndose en todo un mito de la independencia cubana.

España envió a Martínez Campos para que intentara emplear la misma estrategia que puso fin a la guerra de los Diez Años, pero, en vista de que no se obtenían claros resultados, se cambió por una línea dura en la figura del general Weyler, que pretendió la victoria sin negociaciones ni cesiones. Pero esta opción no progresó favorablemente tampoco y se optó, a partir de 1897, por una línea de negociación. A la muerte de Cánovas en ese año, el nuevo Gobierno de Sagasta envió a Ramón Blanco, que decretó la autonomía y una amnistía, pero fueron medidas que llegaban tarde, porque Estados Unidos ya estaba decidido a intervenir.

Casi simultáneamente al conflicto cubano, estalló una sublevación en Filipinas, una colonia formada por un archipiélago casi olvidado por la administración española y con unos recursos naturales mal aprovechados. La presencia española casi se circunscribía exclusivamente a las órdenes religiosas. En este contexto estaría la figura de José Rizal, y habría que destacar la importancia de la sociedad secreta Katipunan. Pero la sublevación fue duramente reprimida y se fusiló a Rizal, convirtiéndose así en mártir de la nación filipina. La insurrección parecía dominada en diciembre de 1897, pero Estados Unidos decidió intervenir pactando con los rebeldes y atacando a la escuadra española.

Los Estados Unidos intervinieron en la guerra de Cuba por sus intereses económicos, especialmente, los de la *American Sugar Refining Company*. Antes de intervenir militarmente, los EEUU hicieron todo tipo de gestiones para resolver el conflicto a su favor incluida una oferta de compra a España de la isla. El pretexto para intervenir sería la voladura del Maine, crucero norteamericano fondeado en el puerto de La Habana. Estados Unidos dio un ultimátum a España: no se declararía la guerra a menos que renunciara a la soberanía sobre Cuba en el plazo de tres días. El Gobierno español, apoyándose en una campaña de patriotismo belicista lanzada por la prensa, se lanzó a una guerra para la que el país no estaba preparado. Solamente Pi i Margall y los socialistas clamaron contra la misma, recordando, especialmente los segundos, que solamente irían a luchar los hijos de las clases trabajadoras por el peculiar sistema de reclutamiento que permitía librarse a los hijos de la burguesía por la redención en metálico.

La flota española fue aniquilada en Santiago de Cuba. En Cavite (Filipinas) la flota española también sufrió otra enorme derrota.

La guerra terminó con el Tratado de París de diciembre de 1898. España perdía Cuba, que era ocupada provisionalmente por EEUU y se cedía Puerto Rico, Guam y las Filipinas. Posteriormente, España vendería a Alemania las Palao, Marianas y Carolinas. Era el fin del imperio español. España solo conservaba enclaves en África.

Las repercusiones del Desastre del 98 fueron importantes. En primer lugar, estaría la pérdida de vidas por la guerra y las enfermedades tropicales. Las pérdidas económicas alteraron las finanzas españolas, la hacienda pública y los precios, cuyo encarecimiento afectó más a las clases humildes. En todo caso, hubo una consecuencia positiva de la pérdida de las colonias: la repatriación de capitales.

Aunque no se generó una crisis política inmediata, el desastre colonial puso de manifiesto las carencias del sistema político de la Restauración. España se había quedado sin pulso, como expresó Francisco Silvela.

La pérdida del imperio provocó una crisis cultural de gran trascendencia, de la que surgió la Generación del 98, así como el nacimiento de una conciencia crítica que exigía una profunda regeneración política, económica e ideológica de la vida española. No solo se ponían en cuestión los pilares del sistema político de la Restauración, sino, incluso, la propia identidad de España.

La crisis de la Restauración: el reinado de Alfonso XIII

La regeneración del sistema y sus límites

En la última década del siglo XIX, el sistema de la Restauración había demostrado evidentes signos de debilidad, agravados con las derrotas coloniales de 1898. La crisis generada por las pérdidas coloniales no debilitó aún a la Monarquía, aunque mostró la necesidad de reformar o regenerar el sistema para que pudiera seguir subsistiendo. Pero este siguió rigiéndose por la Constitución de 1876 y el caciquismo, manteniéndose alejado de la mayor parte de la sociedad. El fracaso de las propuestas regeneracionistas originó una sucesión de crisis que contribuyeron al final del sistema.

La reflexión ante los hechos del 98 se limitó al ámbito intelectual, donde surgió un sentimiento de crisis de la conciencia nacional y se meditó sobre el papel de España en la historia y su relación con Europa Occidental. Esto se reflejaría en la Generación del 98.

La corriente de pensamiento que cuestionó los valores y el sistema político es conocida como regeneracionismo. Su figura más destacada fue Joaquín Costa (*Oligarquía y Caciquismo* es su obra más importante). Costa hizo una profunda crítica de la situación política de España y denunció la incultura, la decadencia de la oligarquía y el atraso español. Proponía incentivar la educación, la europeización y una política económica en favor de las obras públicas y la agricultura. Para ello, era necesario la movilización de las clases medias, alejadas de la oligarquía y del movimiento obrero, conducidas por un líder fuerte, un "cirujano de hierro".

El regeneracionismo influyó en la actividad política del primer tercio del siglo XX. Pero, en realidad, las diversas corrientes del regeneracionismo tuvieron poca efectividad práctica. Los intelectuales no supieron encauzar políticamente sus planteamientos reformistas, y los políticos elaboraron proyectos que fueron rechazados por el bloque dominante y no aglutinaron un amplio movimiento social en torno a ellos. Los Gobiernos intentaron llevar algunas reformas para intentar regenerar el sistema, pero nunca con la idea de transformar radicalmente la estructura política.

Uno de los principales factores que alteró el funcionamiento del régimen fue la evolución de los partidos dinásticos. La falta de los líderes carismáticos –Cánovas y Sagasta- ocasionó una creciente inestabilidad interna en los partidos y en el sistema político. Esta inestabilidad se intensificó con la llegada al trono de Alfonso XIII, que, a diferencia de sus padres, intervino intensamente en las decisiones políticas.

Los Gobiernos conservadores iniciaron las iniciativas reformistas. Francisco Silvela y el general Polavieja plantearon la primera legislación social en España, presentaron proyectos de descentralización del Estado y políticas presupuestarias para paliar los efectos de las pérdidas coloniales. Pero el personaje clave entre los conservadores sería Antonio Maura con su Gobierno largo (1907-1909). Pretendía hacer la "revolución desde arriba", es decir, reformar el sistema para mantenerlo. Para conseguirlo, intentó ampliar la autonomía de la administración local y aprobó la Ley de Reforma Electoral (1907). Pero estas medidas no acabaron con el caciquismo, sino que reforzaron aún más el fraude electoral. Aprobó una política de rearme de la Marina, políticas económicas intervencionistas para fomentar la producción industrial y el comercio y reguló el descanso dominical con la intención de mitigar el radicalismo obrero. Pero la dura represión de los sucesos de la Semana Trágica provocó su caída del poder.

Los liberales (1905-1907), por su parte, se centraron en la cuestión religiosa, con la intención de limitar el poder de la Iglesia en la sociedad española, provocando no solo el enfrentamiento con el clero, sino en el propio seno del partido. También tuvieron que controlar el descontento del ejército, que, preocupado por el auge regionalista, originó el primer gran conflicto del reinado, el asalto a las redacciones de algunas publicaciones catalanas. Ello obligó a aprobar la Ley de Jurisdicciones (1906), que suponía la intromisión militar en la vida política, puesto que se sometían a la justicia militar los delitos contra la patria y el ejército, lo que suponía un atentado a la libertad de expresión y a la Constitución.

Las propuestas de cambio desde fuera del sistema provinieron de los regionalistas, los republicanos y del movimiento obrero. La escasa representación de estos sectores políticos en las Cortes no permitió que se articulase una alternativa viable para transformar el sistema en un sentido democrático.

El movimiento nacionalista con mayor incidencia en la política española de comienzos del siglo XX fue el catalanismo, que a través de la *Lliga Regionalista*, de tendencia conservadora, dominó la escena política catalana hasta 1923. El partido representaba a la burguesía catalana y osciló entre la defensa del catalanismo y la colaboración con el sistema en momentos de peligro social, como en 1909 y 1917. Sus dos principales líderes fueron Enric Prat de la Riba y Francesc Cambó. Las reivindicaciones autonómicas de la *Lliga* nunca derivaron hacia el independentismo ni contra la Monarquía, sino hacia la modernidad de España, en línea con el regeneracionismo, porque se defendía una Cataluña grande en una España grande. El nacionalismo de izquierdas, afín al republicanismo, comenzará a surgir en este momento, alcanzando el protagonismo político en la Segunda República.

La primera movilización catalanista se produjo en 1906 como reacción a la Ley de Jurisdicciones. Se creó una coalición, *Solidaritat Catalana*, que consiguió un evidente éxito electoral en 1907.

El catalanismo consiguió la creación de la Mancomunitat de Cataluña (1914) gracias a una Ley del año anterior que permitía la federación de diputaciones provinciales. Aunque solamente tenía algunas competencias administrativas, se concibió como un órgano de poder propio de Cataluña y un primer paso hacia el autogobierno, aunque a la Ley podían acogerse otras diputaciones del resto del Estado.

En Euskadi, el PNV comenzó a salir de su aislamiento incorporándose hacia posturas menos radicales. También, creció en su seno una tendencia menos independentista y más autonomista. Estos cambios acercaron el PNV a la burguesía industrial vasca. En 1917, el Partido organizó una campaña autonomista. A pesar de su éxito electoral de 1918, la formación sufrió una escisión posterior entre los partidarios y contrarios a colaborar con el sistema, entre los autonomistas y los independentistas.

En Galicia, el autonomismo se reflejó en la creación de *Solidaridad Galega* (1907) y en la elaboración de los primeros planteamientos nacionalistas. En el País Valenciano, en 1907 se crea la asociación cultural *Valencia Nova*, y en

1918 se constituyó la conservadora *Unió Valenciana*. Por fin, en Andalucía comenzaba, hacia 1910, una corriente regionalista en torno a la figura de Blas Infante, aunque tendría que esperar a los tiempos de la República para que se desarrollase.

El republicanismo, por su parte, proponía una reforma política amplia, así como reformas sociales y educativas. Sus bases sociales se encontraban en las clases medias urbanas. El gran problema del republicanismo seguía siendo su fragmentación. Del republicanismo histórico o decimonónico subsistía la figura de Nicolás Salmerón, que colaboró con la *Solidaritat Catalana*.

El nuevo republicanismo estuvo dividido entre el Partido Reformista de Melquíades Álvarez, de escasa implantación social, pero con apoyo entre los intelectuales, y que tendió hacia el posibilismo, y el Partido Radical, de Alejandro Lerroux. El programa de esta formación se basaba en un encendido anticlericalismo y un evidente populismo. Estos dos pilares le permitieron captar muchos apoyos populares urbanos, especialmente en Cataluña, frente al catalanismo y al movimiento obrero. Con el tiempo, su discurso e ideología se fueron moderando considerablemente, convirtiéndose en uno de los partidos clave del centro-derecha en la Segunda República.

El socialismo potenció la expansión del partido obrero de masas, el PSOE, con el fin de tomar el poder y poder transformar la sociedad. En el ámbito municipal comenzó a tener importancia, aunque tardó más en tener representación en el parlamento. Este hecho, producido con la elección de Pablo Iglesias como diputado, tendría que ver con la creación de la Conjunción Republicano-Socialista, a raíz de la represión de la Semana Trágica, y que supuso un cambio profundo en la estrategia de enfrentamiento del PSOE hacia los partidos republicanos al aceptar la alianza electoral. La Conjunción nunca supuso una amenaza en las Cortes, pero las voces republicana y socialista comenzaron a oírse con más fuerza. En la rama sindical, la UGT se implantó con fuerza en Asturias, País Vasco y Madrid, aunque no en Cataluña.

Un importante sector del anarquismo efectuó una transición desde la estrategia terrorista hacia el sindicalismo, participando primero en *Solidaritat Obrera* (1907), organización alternativa a la Solidaridad Catalana, y creando, después la CNT, la Confederación Nacional del Trabajo (1910). La CNT entendía el sindicalismo como un medio para la transformación de la sociedad, utilizando como método la huelga general revolucionaria. La CNT protagonizó la mayor conflictividad del período impulsando numerosas huelgas por la defensa de los salarios y la disminución de la jornada laboral. Arraigó con fuerza en Cataluña, Levante y Andalucía.

Las crisis del sistema: 1909 y 1917

La primera gran crisis del reinado de Alfonso XIII estalló en julio de 1909 por el envío de reservistas a sofocar una rebelión de los rifeños contra la construcción de una línea de ferrocarril minero cerca de Melilla. El embarque de las tropas en el puerto de Barcelona desembocó en un movimiento de protesta, iniciado con una huelga general convocada por las organizaciones obreras y los lerrouxistas.

El Gobierno declaró el estado de guerra y utilizó el ejército para reprimir la manifestación. Esto desencadenó una insurrección popular que tomó un carácter antimilitar, pero, sobre todo, anticlerical. A pesar de todo, la falta de coordinación contribuyó a terminar la revuelta que, ante la magnitud de sus consecuencias, muertos, heridos y quemas de edificios religiosos, se denominó Semana Trágica.

Estos hechos desencadenaron una dura represión que alcanzó al pedagogo anarquista Francesc Ferrer i Guárdia, acusado sin pruebas en un proceso sin garantías jurídicas. Su ejecución generó una oleada de protestas internacionales que afectaron al Gobierno y a la Monarquía.

La crisis provocó la destitución de Maura, sustituido por el liberal Canalejas, que intentó poner en marcha un vasto programa de reforma, en un último intento por regenerar el sistema.

Canalejas se centró en la cuestión religiosa. En 1910 se aprobó la "Ley candado", que limitaba la creación de nuevas órdenes religiosas con la intención de frenar la influencia de la Iglesia. También, con un afán descentralizador, se inició el proyecto de ley de las mancomunidades.

Canalejas promovió una importante reforma militar al hacer obligatorio el servicio militar y al eliminar las redenciones en metálico. Liberalizó la enseñanza, enfrentándose, de nuevo, con la Iglesia. Abolió el impuesto de consumos y promovió leyes con contenido social: arbitraje del Estado en los conflictos laborales, reducción de la jornada laboral, prohibición del trabajo nocturno, regulación del trabajo femenino. Pese a esto, no consiguió mantener una buena relación con el movimiento obrero. Canalejas fue víctima de un atentado anarquista en 1912.

Los dos partidos dinásticos estaban profundamente divididos después de la caída de Maura y la muerte de Canalejas. El turnismo político, cuestionado desde fuera del sistema, entraba en su crisis final. La estabilidad del sistema peligraba.

Ante el estallido de la Gran Guerra, España adoptó una política oficial de neutralidad, aunque la opinión pública se dividió entre aliadófilos y germanófilos. En general, los liberales, progresistas, republicanos y la izquierda defendieron la causa de Inglaterra y Francia frente a los sectores más conservadores, partidarios de los Imperios centrales.

La neutralidad favoreció a la economía española, puesto que las necesidades de los contendientes estimularon la demanda de productos agrarios e industriales. Pero esta situación no fue tan favorable para las clases populares, ya que la masiva exportación provocó un alza de precios y la carencia de productos básicos. El deterioro de la capacidad adquisitiva de los obreros generó una fuerte conflictividad social que afectó gravemente al sistema.

En relación con el sistema político, en 1913 regresaron los conservadores al poder de la mano de Eduardo Dato, provocando la escisión de los seguidores de Maura. Pero, también los liberales se dividieron en varios grupos siguiendo a distintos líderes: conde de Romanones, García Prieto y Santiago Alba. Esta disgregación interna de los partidos dinásticos aumentó la inestabilidad.

Los Gobiernos entre 1913 y 1917 fueron débiles, recurriéndose al cierre periódico de las Cortes, así como a la aprobación de decretos para poder gobernar. Esta situación contribuyó cada vez más al desprestigio del sistema. La oposición al mismo comenzó a exigir una reforma profunda en un sentido democrático. Un claro ejemplo del fracaso a la hora de cambiar las estructuras estaría en cómo se impidió que se aprobara la reforma fiscal sobre los beneficios extraordinarios generados por la Guerra Mundial, defendida por Santiago Alba en 1916, y que concitó la clara oposición de la oligarquía, con evidente protagonismo de la catalana.

En el verano de 1917 la situación estalló en una crisis múltiple: militar, política y social. El Ejército empezó a cuestionar el sistema interviniendo en la vida política. Entre los militares había surgido un gran malestar desde la derrota de 1898, acentuado por el auge de los nacionalismos y las críticas a su funcionamiento y eficacia. Reaccionó con fuerza y consiguió la aprobación de la Ley de Jurisdicciones, como hemos visto. A la altura de 1917 el malestar había crecido ante la inestabilidad gubernamental, los bajos salarios por la generalizada subida de precios y, especialmente, a causa de la política de ascensos que premiaba a los militares del ejército de Marruecos, discriminando a los que servían en unidades peninsulares. Este malestar contra el Gobierno provocó la creación de las Juntas de Defensa, una suerte de asociaciones sindicales que defendían los intereses económicos y profesionales del cuerpo. Presionaron al poder civil, que terminó por legalizarlas, acentuando la autonomía e injerencia militar en la vida política española.

Como respuesta al clima de inestabilidad y crisis, el Gobierno de Dato decretó la censura de prensa y la suspensión de las garantías constitucionales y de las Cortes. Ante estas medidas autoritarias y en medio de grandes protestas, Cambó, dirigente de la *Lliga Regionalista*, convocó en Barcelona en julio, una Asamblea de Parlamentarios, a la que solamente asistieron aquellos que pertenecían a la oposición de izquierdas, regionalistas y algunos liberales. Estos parlamentarios pretendían que se convocaran Cortes Constituyentes, la aplicación de un programa reformista y que se respetase la realidad plurinacional de España. Pero la heterogeneidad ideológica de la Asamblea y el rechazo de las Juntas de Defensa, que se situaron al lado del Gobierno, facilitaron su disolución.

La tensa situación social y la creciente fuerza de los sindicatos favorecieron el entendimiento entre la CNT y la UGT ya en 1916, convocando con éxito una huelga general de 24 horas el 18 de diciembre. En marzo de 1917 publicaron un Manifiesto conjunto que provocó una fuerte represión. Se defendía ya una huelga general indefinida, pero los planes se alteraron claramente con el intenso conflicto ferroviario de Valencia, coincidiendo con la Asamblea de Parlamentarios. Al no conseguirse una solución de dicho conflicto, los socialistas terminaron por convocar la huelga general para el 13 de agosto. La movilización se extendió por Asturias, País Vasco, Madrid y Cataluña, pero no contó con el apoyo de la Asamblea de Parlamentarios, defensora de los intereses de la burguesía, ni con el de las Juntas de Defensa. El propio Ejército se encargó de reprimir con dureza la huelga.

La crisis final del constitucionalismo

Dato volvió a formar Gobierno y logró contener la crisis, gracias al apoyo del Ejército y de los propios parlamentarios de la Asamblea, temerosos de la revolución social. Pero, realmente, la crisis había demostrado la incapacidad del sistema para ampliar sus bases sociales y democratizarse. La conflictividad social se agudizó en un contexto de crisis económica. La guerra de Marruecos agravó la situación aún más.

El último intento de mantener el sistema vino de la mano de la creación de Gobiernos de concentración. Ante la dimisión de Dato en octubre de 1917, instigada por las Juntas de Defensa, el rey propuso la creación de esta solución, es decir, ejecutivos formados por liberales, conservadores y miembros de la *Lliga*. La alternativa al turnismo era buscar un Gobierno que aglutinara a la oligarquía liberal-conservadora con la burguesía catalana como un intento de mantener el poder ante el miedo a la revolución social.

Estos Gobiernos emprendieron reformas. Un ejecutivo presidido por el liberal García Prieto intentó contentar al Ejército con subidas de salarios y ascensos por antigüedad; otro de Maura, con Cambó en el Ministerio de Fomento, impulsó las obras públicas, la agricultura, y los ferrocarriles. Realmente, las reformas emprendidas por los Gobiernos de concentración no fueron profundas y, ante su fracaso, se volvió al turnismo, pero la incapacidad para conseguir mayorías estables provocó una evidente inestabilidad gubernamental.

Mientras se producía esta crisis política permanente, España vivía una fuerte crisis económica al terminar la guerra mundial: contracción de la demanda con cierre de empresas, consiguiente aumento del paro y rebajas salariales. Esta situación provocó un aumento de la conflictividad social a la par que se daba la Revolución Rusa, ejemplo del triunfo del socialismo.

El descontento de los obreros fue dirigido por los sindicatos, en plena expansión: UGT y CNT. La acción sindical se intensificó en el campo, en las zonas industriales y en las grandes ciudades. En Andalucía se produjo el conocido como trienio bolchevique, provocado por las condiciones de vida de los jornaleros. En Barcelona se concentró el mayor nivel de violencia entre los años 1919 y 1923, a causa de la fuerza de la CNT y la dura respuesta de los patronos. El primer gran conflicto fue la huelga general de 1919 iniciada en la empresa "La Canadiense", que paralizó durante cuarenta y cuatro días los servicios en Barcelona. La consecuencia del conflicto fue que se consiguió la jornada de ocho horas.

Ante la fuerza de la CNT y el acuerdo que estipulaba la readmisión de los obreros despedidos, la patronal recurrió al cierre empresarial y creó una milicia privada, el *somatén*, e incluso se contrató a pistoleros a sueldo para asesinar a los dirigentes sindicales. Los sindicalistas recurrieron, a su vez, a la violencia, asesinando a políticos (Eduardo Dato) y empresarios. En 1921 se aprobó la "Ley de Fugas", que provocó que pudiera dispararse a los detenidos que intentaran huir. Esto permitió el asesinato impune de muchos dirigentes obreros.

Sobre este panorama de crisis pesaba como una losa la Guerra de Marruecos. En la Conferencia de Algeciras (1906) España consiguió que se reconociera su "derecho" a ocupar la región marroquí del Rif, en el norte de Marruecos. Posteriormente, Francia y España establecieron sendos protectorados sobre Marruecos. Pero la ocupación militar del Protectorado español resultó ser una empresa difícil y muy costosa para el Ejército español, mal preparado y carente de recursos. Además, las características del Rif no ayudaban a su dominio, pues era un territorio montañoso, mal comunicado, y poblado por diversas tribus belicosas y no dispuestas a aceptar el dominio español.

En 1920, ante la ofensiva del Ejército español para extender el dominio efectivo, una de las cabilas rifeñas se sublevó. Estaba liderada por Abd-el-Krim. La operación acabó en una derrota sangrienta en el conocido como Desastre de Annual (1921). Murieron doce mil soldados y se perdieron una gran cantidad de material y pertrechos militares. Además, cayeron las posiciones logradas. El desastre causó una viva impresión en España, acentuándose el descontento hacia el sistema. Las críticas de la oposición hacia el gobierno, los militares y el Rey se acentuaron. El desastre provocó la creación de una comisión para delimitar y exigir responsabilidades. El general Picasso fue encargado de realizar un informe.

Ante esta situación de fortísima crisis, se intentó salvar el sistema a través de un nuevo Gobierno de concentración, presidido por el liberal García Prieto (1922), que proyectaba una reforma constitucional, otra hacendística y cambios en la política en relación con el protectorado marroquí. Pero el Ejército, convencido de que el poder civil no podría hacer frente a los problemas, liquidó el sistema de la Restauración mediante un golpe militar.

La solución autoritaria: la Dictadura de Primo de Rivera

Golpe y Dictadura Provisional

El día 13 de septiembre de 1923, el capitán general de Cataluña, Miguel Primo de Rivera dio un golpe de estado incruento desde Barcelona. A los dos días, el Rey, de vacaciones en San Sebastián, regresó a Madrid. Ante la pretensión del Gobierno de destituir a los sublevados, Alfonso XIII dilató su respuesta. Al final, decidió mandar formar Gobierno a Primo de Rivera, convertido ya en dictador militar único, una figura nueva equivalente a presidente de gobierno y ministro universal. Para gobernar formó un Directorio Militar.

No parece que haya pruebas de una implicación directa del Rey en el golpe, pero es evidente su pasividad inicial y el nulo apoyo que prestó al Gobierno legítimo.

La Dictadura se convirtió en la salida autoritaria ante la quiebra del sistema político de la Restauración. Las causas de dicha crisis tienen que ver con la incapacidad del sistema político liberal de renovarse desde dentro, como quedó probado con los fracasos de los distintos proyectos de regeneración desde arriba, tanto desde la perspectiva conservadora, como de la liberal, así como de los gobiernos de concentración nacional. Otro factor que incidió en dicha crisis se refiere a la fuerte inestabilidad social, acentuada desde 1917. Por fin, la guerra de Marruecos se convirtió en otra causa clave, llegando al clímax con el Desastre de Annual.

El golpe triunfó porque contó con apoyos fundamentales. El rey consideraba que la crisis política y social amenazaba la existencia de la propia institución monárquica. El Ejército era partidario del restablecimiento del orden público. Y, por fin, el empresariado, con evidente protagonismo del catalán, veía con mucha preocupación la fuerza del anarquismo, especialmente en Barcelona. Pero, no cabe duda de que además, el golpe triunfó ante la relativa pasividad del movimiento obrero, indiferente hacia la caída de un sistema político considerado caduco y perjudicial.

Aunque es evidente la coincidencia en el tiempo con el triunfo del fascismo italiano, la Dictadura no se pareció a dicho movimiento político. Primo de Rivera no era una figura con el carisma de Mussolini, carecía de una ideología más o menos articulada y no encabezó ningún partido o movimiento, aunque luego sí creó un partido propio.

La Dictadura suspendió la Constitución de 1876, aunque no la derogó. En principio, parecía que se pretendía implantar una solución transitoria y autoritaria ante el evidente desmoronamiento del sistema político.

Los objetivos del régimen se pueden ilustrar con la frase: "menos política y más administración". La actuación gubernamental no fue planteada desde un programa político planificado, sino más bien como el resultado de la improvisación. En todo caso, la Dictadura pervivió seis años, y gracias a una serie de éxitos iniciales: mantenimiento del orden público, aunque a través de una evidente represión, y la resolución de la guerra de Marruecos. Tampoco debe olvidarse que la Dictadura se desenvolvió en un contexto económico internacional de expansión económica. España se benefició del auge general.

La Dictadura implantó el estado de guerra durante casi dos años. La represión se concretó en una evidente merma de las libertades públicas, la prohibición de las reuniones y asociaciones políticas y la censura de la prensa. Los anarcosindicalistas se llevaron la peor parte en esta represión. Sus locales y órganos de prensa fueron clausurados. Fueron condenados a la clandestinidad y su organización se desarticuló.

El problema marroquí era una cuestión muy impopular. Por otro lado, el Ejército estaba fuertemente dividido entre africanistas, partidarios de proseguir la guerra, y los abandonistas. El propio dictador pertenecía a este segundo grupo.

La liquidación del conflicto no se debió tanto a la iniciativa de España como al error estratégico del dirigente rifeño Abd-el-Krim, ya que, decidió atacar a los franceses en el año 1925. Este hecho provocó una contundente acción militar conjunta hispano-francesa con un desembarco en Alhucemas. Abd-el-Krim tuvo que rendirse. La guerra terminó dos años después. No cabe duda que el final del conflicto fue el gran éxito de Primo de Rivera porque satisfizo una demanda general de la población española.

Primo de Rivera pretendió una reforma administrativa que acabase con el caciquismo. Los gobernadores civiles fueron sustituidos por gobernadores militares y se creó la nueva figura de los delegados gubernativos, también militares, para controlar a los ayuntamientos. Estos fueron disueltos y sustituidos por juntas de vocales asociados, elegidos por los mayores contribuyentes que, por su parte, estaban estrechamente ligados al viejo caciquismo. La aprobación del Estatuto Municipal en 1924 inició la formación de una administración adicta y centralizada. En realidad, el ataque al caciquismo fue muy epidérmico, ya que solamente se persiguió a los que no eran adictos al régimen. El caciquismo continuó existiendo. También se disolvieron las diputaciones provinciales y los nuevos diputados fueron designados por los gobernadores.

La *Mancomunitat* de Catalunya desapareció con el Estatuto Provincial de 1925, pero el régimen no rompió con la burguesía conservadora catalana, sino con la realidad catalana, lo que potenció el nacionalismo radical y el republicano y precipitó la decadencia del más conservador.

El fracaso de la institucionalización de la Dictadura

Una vez resueltos los dos grandes problemas que podrían justificar para determinados sectores la existencia excepcional de la Dictadura, Primo de Rivera tuvo la oportunidad de retirarse de la política y permitir el retorno al sistema constitucional, pero no lo hizo. A finales del año 1925 se decidió por renovar el régimen dictatorial mediante la sustitución del Directorio Militar por otro Civil con un marcado carácter tecnocrático, destacando la figura de Calvo Sotelo. Este cambio demostraba el interés del dictador por perpetuarse en el poder. Para ello, necesitaba transformar la Dictadura en un sistema institucional más estable y a su medida. Las bases principales de dicho sistema pasaban por tomar diversas medidas. En primer lugar, creó un partido propio, la Unión Patriótica, que pretendía "unir y organizar a todos los españoles de buena voluntad" en torno a un programa político mínimo, basado en los principios de "religión, patria y monarquía". Otro de los puntales de la institucionalización sería la creación de la Asamblea Nacional Consultiva, una cámara que sustituiría a las Cortes, de carácter corporativo, y que comenzó a funcionar en 1927. Por fin, se afanó en la elaboración de un proyecto constitucional que presentó en 1929.

La Dictadura se caracterizó por el intervencionismo estatal en la economía, aunque respetando las reglas básicas del capitalismo. En realidad, el intervencionismo no comenzó en ese momento, ya que, anteriormente sabemos de las políticas proteccionistas tradicionales de los gobiernos de la Restauración. Lo que caracterizó al nuevo período es la diversidad de actuaciones en la intervención y la amplitud de las medidas.

El Estado inyectó grandes cantidades de recursos económicos para subvencionar empresas con problemas económicos, especialmente a las del sector naviero y a las compañías ferroviarias. Se establecieron monopolios en sectores clave de la economía. En este sentido, se creó la Compañía Telefónica Nacional de España, montada gracias a la ITT norteamericana. Además, se fundó la Compañía Arrendataria del Monopolio del Petróleo (CAMPSA), que ejercería el monopolio de la importación, refinado, distribución y venta del petróleo en España. Se puso en marcha un ambicioso programa de obras públicas. El objetivo era mejorar unos siete mil kilómetros de carreteras, aunque, al final, solamente se arreglaron unos tres mil. También se construyeron embalses para producir energía hidroeléctrica y para regadío.

La política económica de la Dictadura perseguía la creación de un capitalismo nacional financiado, en gran parte, por el Estado, pero sin acometer una profunda reforma hacendística que obligara a pagar más a los que más tenían, necesaria para sufragar el gran incremento del gasto público, el mayor que había emprendido España en su historia contemporánea hasta el momento.

La escasa conflictividad social de este período se explica en parte por la represión, en particular de los anarquistas, pero también por otros factores. En primer lugar, estaría el desarrollo de una evidente política social: construcción de viviendas baratas, creación de escuelas, servicios sanitarios y protección a la emigración. En segundo lugar, influyó el establecimiento de un nuevo modelo de relaciones laborales: el sistema corporativo, basado en la intervención del Estado y en la integración de las organizaciones obreras moderadas y reformistas.

Se creó la Organización Corporativa Nacional, obra de Eduardo Aunós. Su base eran los Comités Paritarios de cada oficio, formados por igual número de vocales obreros y patronos. A diferencia del corporativismo fascista italiano, se reconocía el derecho a la libertad de sindicación. El objetivo de los comités era resolver pacíficamente los conflictos mediante la negociación. Tenían atribuciones sobre cuestiones laborales como la reglamentación del trabajo, los contratos y la asistencia social. Su puesta en práctica contó con el apoyo socialista porque fue visto como un medio beneficioso no solo para los trabajadores, sino también para la propia UGT, que intentaba desarrollarse frente a la CNT. Pero esta colaboración generó un intenso debate en el seno del socialismo español, entre los partidarios de aprovechar la mano tendida por Primo de Rivera, y los que consideraban que no se podía colaborar con una dictadura, especialmente cuando se planteó la participación en la Asamblea Nacional Consultiva, un paso que el socialismo español no dio.

La "Dictablanda" y la crisis de 1930

Los intentos de perpetuar la Dictadura no obtuvieron los apoyos políticos suficientes. El régimen tuvo que afrontar numerosas críticas y una creciente oposición de distintos sectores. Los intelectuales denunciaron la falta de libertades, los políticos de los viejos partidos conspiraban, los universitarios de la FUE cobraron protagonismo con la huelga de 1929, el catalanismo se radicalizó y la oposición republicana creció y se organizó de forma más coordenada. Además, en 1928 comenzaron a sentirse síntomas de crisis económica: endeudamiento del Estado, devaluación de la peseta y aumento del paro.

Cada vez más aislado políticamente y comprobando la progresiva retirada de confianza de oficiales del Ejército, el dictador decidió hacer una consulta a los capitanes generales para conocer si contaba con su apoyo, pero el resultado fue negativo. El 28 de enero de 1930 presentó su dimisión al Rey. Marchó al exilio y, al poco tiempo, falleció.

Alfonso XIII decidió restablecer el sistema constitucional pero los Gobiernos del general Dámaso Berenguer y del almirante Aznar fueron incapaces de resucitar lo que ya había muerto en 1923. Incluso algunos políticos monárquicos rechazaron la política del monarca y se alejaron de él.

Al margen del sistema, las fuerzas de la oposición firmaron el Pacto de San Sebastián el 17 de agosto de 1930, integrado por republicanos y autonomistas catalanes y gallegos. Después se incorporaron los socialistas y hasta los anarquistas prestaron un cierto apoyo externo. Sus objetivos eran instaurar la República y establecer la autonomía catalana.

Pero la Monarquía no cayó por esta presión, ni por la sublevación fracasada de Jaca y Cuatro Vientos, sino por los resultados de las urnas. Se convocaron elecciones municipales y generales. No llegaron a celebrarse las segundas porque en las primeras del 13 de abril de 1931, los monárquicos fueron derrotados en las ciudades donde el sistema caciquil ya no funcionaba. Ante la victoria republicana en 41 de las 50 capitales de provincia, el rey decidió abandonar el país.

La Segunda República

Un nuevo modelo para España: el Bienio reformista

La proclamación de la República desde el balcón del Ministerio de la Gobernación (Puerta del Sol) el 14 de abril de 1931 fue una fiesta popular. Amplios sectores de la población española celebraban un cambio político significativo con gran esperanza. Se constituyó un Gobierno provisional presidido por Niceto Alcalá-Zamora, un antiguo político de la Monarquía que había evolucionado hacia el republicanismo de centro-derecha y había participado en el Pacto de San Sebastián. El Gobierno estaba integrado por un amplio espectro político: Niceto Alcalá-Zamora y Miguel Maura por la Derecha Liberal Republicana; Alejandro Lerroux y Diego Martínez Barrio del centrista Partido Radical; Manuel Azaña y Marcelino Domingo, líderes de partidos republicanos de izquierda; Fernando de los Ríos, Indalecio Prieto y Francisco Largo Caballero por el PSOE; Santiago Casares Quiroga, republicano gallego; y Nicoalu d'Olwer, republicano catalán.

Se fijó la fecha -28 de junio- para la celebración de elecciones a Cortes Constituyentes con la misión de elaborar y aprobar una nueva Constitución. Desde el primer momento, la República tuvo que enfrentarse a todo tipo de problemas, provenientes tanto de los enemigos de la misma –la Iglesia y la derecha monárquica- como de sus potenciales partidarios, pero más radicales, catalanistas y clases populares.El mismo día de la proclamación de la República, Francesc Macià, líder de Esquerra Republicana de Catalunya, partido recién fundado en el que se había integrado el Estat Català, proclamaba en Barcelona la República Catalana Independiente, que conformaría una futura Confederación de Pueblos Ibéricos. Este hecho generó un problema al Gobierno y podría haber desencadenado reacciones adversas del Ejército. El final del conflicto fue más rápido de lo esperado. Macià puso fin a esta república ante el compromiso de Madrid de buscar una solución autonómica para Cataluña.

La jerarquía eclesiástica estuvo muy vinculada a la Monarquía. En contraposición, el republicanismo español mantenía posiciones anticlericales, aunque algunos de sus representantes, como Alcalá-Zamora o Manuel Maura eran declarados católicos. El primer conflicto surgió con la máxima autoridad eclesiástica española, el cardenal Segura, quien en una pastoral del 1 de mayo atacó a la República y exaltó al monarca. El Gobierno exigió la dimisión del cardenal, pero la Iglesia cerró filas en torno a su figura. También hubo otro conflicto con el obispo de Vitoria. Las relaciones entre el Gobierno y la Iglesia habían empezado mal.

Otro fenómeno que enrareció más las relaciones entre la Iglesia y el nuevo régimen fue el vandalismo anticlerical, con la quema de iglesias. El Gobierno no instigó estos hechos, pero no fue diligente en atajarlos porque no quería granjearse la enemistad de ciertos sectores populares, cuyo anticlericalismo violento era una explosión visceral de rabia al considerar a la Iglesia vinculada con los poderosos y ricos.

La participación en las elecciones de junio de 1931 fue de un 70% y otorgó la victoria a los partidos de izquierda. El partido más votado fue el PSOE con 116 diputados, seguido por el partido Radical con 90 escaños, aunque ya no podría ser considerado un partido de izquierdas. En conjunto, la izquierda obtuvo 279 escaños por 160 del centro-derecha.

La composición de la cámara constituyente nos ayuda a entender el carácter democrático y progresista del texto constitucional. Su discusión fue intensa y generó grandes debates fuera y dentro de la cámara, especialmente los relacionados con la religión y las autonomías. España quedaba definida como "una república democrática y de trabajadores de toda clase que se organiza en régimen de libertad y justicia". Se aprobó una amplia declaración de derechos. Después de un encendido debate se reconocía el sufragio femenino. La Constitución republicana reconoció por vez primera una serie de derechos sociales en un capítulo específico.

La propiedad privada de los medios de producción se subordinaba a los intereses de la economía nacional, por lo que se establecen mecanismos de nacionalizaciones de empresas o sectores económicos.

Las Cortes, como poder legislativo, adquirían gran poder y protagonismo, tanto en lo legislativo como en el control del ejecutivo. Constaría de una sola cámara elegida por sufragio universal. El Gobierno sería responsable ante las Cortes, que podían retirarle su confianza en cualquier momento.

En cuestión religiosa, España se declaraba como un Estado laico, reconociéndose la libertad de conciencia y la práctica de cualquier religión, aunque se prohibía a la Iglesia ejercer la industria, el comercio y la enseñanza.

En materia educativa y cultural el Estado adquiría un claro protagonismo. El Estado tenía obligación de extender la educación y la cultura a toda la población sin discriminación alguna.

Se establecía que varias provincias podrían organizarse en región autónoma, pero se prohibía la federación de dos o más regiones. La distribución de competencias entre el Estado y las regiones autónomas se hizo con criterios más favorables hacia el primero. Los estatutos de autonomía debían ser aprobados por las Cortes.

La Constitución fue aprobada el 9 de diciembre de 1931. Este texto constitucional no nació del consenso. La derecha republicana la rechazó y mostró su disposición a revisarla en cuanto tuviera ocasión. Ni los ponentes ni los críticos de la Constitución pusieron mucho empeño en llegar a acuerdos.Nada más aprobarse la Constitución se formó el primer Gobierno constitucional presidido por Manuel Azaña, de Acción Republicana, e integrado por republicanos de izquierdas y socialistas. Alcalá-Zamora pretendía que continuasen en el nuevo ejecutivo todos los sectores representados en el provisional, pero Lerroux rechazó formar parte si continuaban en el mismo los socialistas.

El nuevo Gobierno se propuso la tarea de realizar una profunda transformación de la realidad española con el fin de satisfacer las altas y urgentes expectativas sociales depositadas.

Las medidas que se adoptaron en materia religiosa fueron la aprobación de la extinción del "presupuesto de clero y culto" en el plazo de dos años. La separación entre la Iglesia y el Estado, establecida en la Constitución, implicaba poner fin al mantenimiento económico de la Iglesia por parte del Estado. Además, se procedió a la disolución de la Compañía de Jesús y la confiscación de todos sus bienes. Se decretó la prohibición a las órdenes religiosas de ejercer la enseñanza. Y, por fin, se reconoció el matrimonio civil y el divorcio. En consecuencia, gran parte de la Iglesia y de sectores católicos interpretaron estas medidas como un ataque y una provocación. Consideraban que el nuevo Estado había sido pasivo ante la violencia anticlerical y atacaba a la Iglesia.

Una de las principales preocupaciones del Gobierno fue la educación primaria, como básica y fundamental para sacar al país de su secular atraso. El objetivo, además, era terminar con la hegemonía de la Iglesia en la enseñanza y establecer una educación primaria gratuita, laica y obligatoria. El principal problema residía en la inexistencia de una infraestructura educativa suficiente: faltaban muchas escuelas, había pocos maestros y estos estaban muy mal remunerados. Las realizaciones quedaron por debajo de las previsiones, dada la magnitud de las carencias educativas de España. Además, al prohibir a la Iglesia impartir enseñanza, disminuyó la oferta de plazas escolares.

Por otro lado, la financiación de esta ambiciosa política era problemática en un contexto de crisis económica. En todo caso, se proyectó una generosa partida de gastos en los presupuestos para la educación. Se crearon 10.000 escuelas y se incorporaron 7.000 nuevos maestros, a los que se les aumentó el sueldo. Otro objetivo fue el de la libertad religiosa, tanto para profesores como para alumnos. Las clases de religión dejaron de ser obligatorias, aunque se ofrecían para quienes las quisieran. Si no había profesores dispuestos a impartirla se podrían encargar los párrocos. La República apostó, por fin, por la coeducación.

En cultura hay que destacar la creación de las Misiones Pedagógicas en mayo de 1931. Su finalidad fue llevar la educación y la cultura al mundo rural. Consistían en grupos de artistas, intelectuales, maestros y estudiantes universitarios que, con carácter voluntario, se dirigían a los pueblos donde organizaban bibliotecas, sesiones de lectura pública, cine, audiciones musicales, guiñol, el museo circulante del Pueblo (con reproducciones de cuadros del Prado), representaciones teatrales y conferencias para los maestros. En 1932 nacería grupo de teatro "La Barraca", dirigido por Federico García Lorca, para llevar el teatro clásico español a todos los rincones.

Durante este bienio solamente se aprobó el Estatuto de Cataluña. Se encomendó la elaboración de su proyecto a los propios catalanes, bajo la iniciativa de Esquerra Republicana de Catalunya. El Estatuto aprobado en las Cortes recortó y modificó sustancialmente el presentado por los catalanes, pero fue bien aceptado, en general. Se creó un Gobierno autónomo: la Generalitat, compuesta por tres instituciones: un parlamento, un consejo ejecutivo y un presidente. La Generalitat tendría competencias en obras públicas, cultura y orden público, lo que parecía insuficiente para los catalanistas, pero tampoco eliminaba los recelos del Ejército, siempre alerta sobre la concepción territorial de España. En las primeras elecciones autonómicas ganó Esquerra Republicana, que llevó a Macià presidir la Generalitat y a Companys el Parlamento.

En relación con Euskadi, el PNV y los carlistas elaboraron un proyecto tradicionalista y poco democrático de estatuto, que fue rechazado por la mayoría de izquierdas del parlamento. El País Vasco no tendría estatuto hasta los inicios de la guerra civil.

El Ejército planteaba al Gobierno de la República uno de los problemas más delicados, ya que su apoyo era esencial para su supervivencia. Entre su alta oficialidad destacaban los leales a la Monarquía. La reforma militar se convirtió en un asunto prioritario, encargándose de la tarea el Presidente del Gobierno y Ministro de Guerra, Manuel Azaña. Los objetivos de la reforma pretendían ganarse la fidelidad del Ejército y aumentar su eficacia. En primer lugar, se colocó al frente de las Capitanías Generales a militares de confianza. Se publicó un decreto que permitía a los oficiales pasar voluntariamente a la reserva sin disminución de sueldo. Se acogieron unos siete mil. Se pretendía alejar de las armas a un número importante de militares monárquicos y disminuir el excesivo número de oficiales.

Estas medidas previas del Gobierno provisional fueron seguidas por otras ya con el Gobierno constitucional, que supusieron una importante reorganización, así como el sometimiento del Ejército al poder civil: supresión de organismos innecesarios, reducción de efectivos, abolición de leyes e instituciones como los tribunales de honor, el Consejo Supremo de Justicia Militar, la Academia Militar de Zaragoza, etc. Por otro lado, se creó la Guardia de Asalto como cuerpo adicto a la República encargado del orden público.

Las reformas de Azaña fueron bien vistas por diversos sectores sociales, pero no consiguieron ganarse la simpatía del Ejército.

La reforma agraria constituía el proyecto económico y social de mayor importancia que debía acometer la República, pues España seguía siendo un país agrario, los campesinos seguían constituyendo el porcentaje más alto de la población activa y muchos de ellos eran, además, jornaleros, es decir, campesinos sin tierra. La estructura latifundista del centro-sur peninsular colocaba a amplios sectores sociales en una situación de paro y miseria que conducía a un secular malestar social y a la violencia.

Para solucionar esta situación, el Gobierno provisional ya había adoptado medidas urgentes para proteger a los arrendatarios y a los jornaleros mientras se emprendía la reforma agraria. En este sentido, se prohibió a los propietarios de tierras que las tenían en arrendamiento y que, mediante la cancelación del contrato, expulsaran de ellas a los campesinos. Se extendió a los jornaleros la jornada de ocho horas que ya disfrutaban los obreros. Se obligó a contratar para el trabajo de las tierras prioritariamente a los jornaleros del término municipal al que pertenecían. Y, por fin, se exigió a los propietarios que cultivaran las tierras bajo amenaza de confiscación. Se trataba de evitar que los terratenientes hostiles boicotearan a la República con el abandono de los cultivos.

En relación con la reforma se encargó un informe sobre la misma a una comisión técnica. Fue elaborado con rapidez y presentado a las Cortes en julio de 1931. Aunque había gran aceptación en que se terminara con la gran propiedad latifundista de bajo rendimiento, no había acuerdo en el procedimiento para conseguirlo. Las discusiones parlamentarias se prolongaron durante más de un año. En septiembre de 1932 se aprobó, por fin, la *Ley de Reforma Agraria.*

La Ley constituyó una frustración considerable para los campesinos, y no gustó tampoco, por otras razones, a los terratenientes. Las razones del relativo fracaso tuvieron que ver con la tardanza en elaborar y aprobar la propia ley. Para su aplicación se creó el IRA, o Instituto de Reforma Agraria, encargado de elaborar un inventario de las tierras expropiadas, tarea que se emprendió de forma lenta y muy burocrática. Las expropiaciones requerían la indemnización previa a los propietarios, de manera que retrasaba el procedimiento al condicionarlo a la capacidad de pago del Estado.

Los resultados fueron escasos. A finales de 1933 las tierras expropiadas y repartidas eran muy pocas. Los campesinos, alentados por el anarcosindicalismo, recurrieron a la práctica habitual de ocupación ilegal de tierras.

Una de las claves para entender las dificultades con las que tuvo que enfrentarse la coalición republicano-socialista en su política reformista, fue la resistencia y oposición de una serie de fuerzas políticas y sociales con poder e influencia.

Por un lado, estarían las fuerzas a la izquierda, principalmente los anarquistas. Por otro lado, estaría la oposición eclesiástica, de la que ya hemos hablado, la del Ejército y la de las derechas.

Los anarquistas declararon a la República, como a cualquier otra forma de Estado, como enemiga de la clase obrera porque no atendía a las demandas sociales, optando, además de por huelgas por no alentar la participación electoral, especialmente en las elecciones de 1933, aunque su actitud fue algo distinta para las elecciones de 1936. En plena Dictadura de Primo de Rivera se había fundado la FAI (1927), que reclutó a sus afiliados entre los cuadros más duros de la CNT. Ante lo que consideraban excesiva lentitud de las reformas republicanas, especialmente, la agraria, la FAI y la CNT impulsaron la iniciativa campesina y obrera al margen del poder. Así se sucedieron diversas agitaciones anarquistas en el campo y en las fábricas desde el principio. El Gobierno respondió, por lo general, con dureza.

Uno de los acontecimientos con más resonancia fue el de Casas Viejas (Cádiz) a principios de 1933. Allí los campesinos se sublevaron y atacaron a la Guardia Civil. Esto motivó el envío de la Guardia de Asalto para restablecer el orden. Cuando todo parecía acabado, un viejo anarquista se atrincheró en su casa con sus hijos, nietos y algunos vecinos, ante lo cual se desencadenó una brutal y desproporcionada represión: se incendió la casa y se ordenó ametrallar a sus ocupantes. Murieron todos menos dos. Después se asesinó a doce hombres maniatados. Esta actuación policial desacreditó al Gobierno entre amplios sectores populares y de la izquierda y contribuyó a su crisis y caída.

En el seno del Ejército existía una gran división entre partidarios y enemigos de la República. Una de las cuestiones clave era la autonómica.

Las conspiraciones militares fueron continuas y la República optó por una política suave de sanciones ante el temor al ruido de sables. La más importante de todas fue la protagonizada por el general Sanjurjo, director general de la Guardia Civil, en Sevilla en el verano de 1932. Pero fue un golpe precipitado y con escasa coordinación, por lo que pudo ser sofocado con facilidad. La reacción del Gobierno fue la suspensión de algunos periódicos de derecha, la supresión de algunos cargos, la disolución del tercio de la Guardia Civil que se había sublevado y la expropiación de tierras a los terratenientes comprometidos en el golpe. Se procesó a Sanjurjo, que fue condenado a muerte, aunque se le conmutó la pena por cadena perpetua.

Los partidos de derecha se pueden clasificar en dos grandes grupos, según su actitud ante la República. En primer lugar, estaría la derecha posibilista, es decir, aquella cuya estrategia consistía en conquistar el poder por las urnas para convertir a la República de izquierdas en otra conservadora. En segundo lugar, la derecha monárquica y antirrepublicana que pretendía, en cambio, acabar con la República mediante la conspiración militar.

De los partidos posibilistas destacará, sin lugar a dudas, la CEDA, o Confederación Española de Derechas Autónoma, de Gil Robles, que contaba con el apoyo de la

Iglesia y agrupaba amplios sectores católicos de la clase media, la alta burguesía y terratenientes, así como de medianos y pequeños campesinos. Su programa se basaba en la defensa del catolicismo y el orden social. Se trataba de una coalición política creada en octubre de 1932, fruto de la unión de Acción Popular de Gil Robles, y Derecha Regional Valenciana, dirigida por Luis Lucía. La izquierda consideró como su principal enemigo a la CEDA, especialmente cuando entró en el Gobierno en 1934.

La derecha monárquica estaba representada por el Partido Carlista o Tradicionalista de Fal Conde, que mantenía la tradición del carlismo; y Renovación Española, fundada en 1933, con Calvo Sotelo y Antonio Goicoechea, que propugnaba una monarquía autoritaria.

Con carácter más minoritario estaba la extrema derecha. Bajo la inspiración del fascismo italiano y algo menos del nazismo alemán, surgen distintos partidos totalitarios que terminaron por unirse al último en crearse, es decir a Falange Española, fundada en 1933 por José Antonio Primo de Rivera. Fue la organización más activa de la extrema derecha y utilizó la violencia contra miembros de partidos y sindicatos de izquierda.

La alternativa del centro-derecha

En septiembre de 1933 se dieron una serie de circunstancias que obligaron a Azaña a dimitir: maniobras políticas de Lerroux con el presidente de la República, Alcalá-Zamora, para echar a los socialistas del Gobierno, y la pérdida de apoyo popular del gobierno por hechos como el de la represión de Casas Viejas. Ante la imposibilidad de formar un nuevo Gobierno estable que contara con apoyo parlamentario suficiente, Alcalá-Zamora disolvía las Cortes y convocaba elecciones para noviembre.

En estas elecciones los anarquistas propusieron la abstención, los socialistas se presentaron por separado de los republicanos de izquierdas, mientras que las diversas derechas se agruparon en torno al Partido Radical y a la recién fundada CEDA.

Los resultados supusieron un cambio político. Entre las causas de este vuelco electoral podemos apuntar las siguientes: la abstención de los anarquistas, el desencanto popular ante las reformas insuficientes del gobierno y la unión de la derecha. Tenemos que tener en cuenta que la ley electoral primaba las uniones frente a las candidaturas dispersas. La CEDA fue el partido más votado (115 diputados), seguido del Partido Radical (102). En la izquierda, el PSOE seguía siendo el principal partido, pero había perdido la mitad de sus escaños. La reacción anarquista no se hizo esperar: el mes de diciembre se llenó de levantamientos en Cataluña, Aragón y Andalucía.

Ante la reacción popular tras las elecciones, y a pesar de que el partido más votado fue la CEDA, los primeros Gobiernos que se formaron hasta octubre de 1934 estuvieron presididos por Lerroux, y con mayoría de miembros del Partido Radical. La CEDA esperó hasta 1934 para reclamar su presencia en el ejecutivo.

Este período se caracterizó por la aplicación de una política restauradora, o, si adoptamos la visión de los que gobernaban, reparadora de los excesos del bienio anterior, lo que provocaría la radicalización de la izquierda. Se procedió a aprobar una Ley de Amnistía para los implicados en la sublevación de Sanjurjo de 1932. Se planteó una especie de contrarreforma agraria, aplicando medidas para limitar la aplicación de la reforma agraria y, en algunos aspectos, restablecer la situación anterior a la misma. En 1935 se plantearía un proyecto de reforma constitucional. Se pretendía modificar las cuestiones que más rechazo habían provocado en los sectores conservadores y católicos españoles: religión, enseñanza, matrimonio civil, autonomías y propiedad privada. Pero el desarrollo de los acontecimientos durante ese año impidió que se pudiera poner en marcha.

Tras la victoria electoral de la derecha, los socialistas se plantearon la posibilidad de una revolución popular, que, salvo, en Asturias, no sería secundada por los anarquistas. Este debate en el seno del PSOE debe entenderse en el contexto internacional. En enero de 1933 había subido al poder Hitler en Alemania, mientras que en Austria, en febrero de 1934, Dollfuss prohibía los partidos políticos. Gran parte de la izquierda veía estos hechos como un adelanto de lo que podía pasar en España.

El comienzo de la revolución se había fijado para el mes de septiembre de 1934 y después se aplazó hasta octubre. Pero el detonante fue la formación el día 4 de octubre de 1934, de un nuevo Gobierno más escorado hacia la derecha que los anteriores, ya que se habían incorporado tres ministros de la CEDA. La UGT convocó la huelga general nacional para el día siguiente, el 5 de octubre.

La revolución fue un fracaso en la mayor parte del país, ya que el Ejército sofocó con relativa facilidad los focos de la huelga. Solamente adquirió importancia en Madrid, Vizcaya y, especialmente, en Barcelona y Asturias. En Barcelona se proclamó el 6 de octubre el Estado catalán dentro de la República Federal Española, pero no pervivió ni un día porque el Ejército dominó la situación, acusando al Gobierno catalán de rebeldía. En Asturias, la insurrección triunfó gracias a la Alianza Obrera entre socialistas, anarquistas y comunistas, con el fin de socializar los medios de producción en una revolución. Los obreros consiguieron ocupar toda Asturias y proclamaron la Revolución Socialista de los Consejos Obreros. El Gobierno reaccionó enviando tropas procedentes de Marruecos, mandadas por Franco. El 18 de octubre la rebelión había sido sofocada con un saldo de varios miles de muertos. La represión fue muy dura y, en algunos casos, arbitraria. Se realizaron unas treinta mil detenciones y fueron numerosas las condenas a muerte. Se ejecutó a los líderes secundarios. Se disolvieron Ayuntamientos y la autonomía catalana fue suspendida temporalmente con un restablecimiento gradual y con menos competencias.

La polarización política

La Revolución de octubre provocó una creciente polarización política en España y una evidente radicalización de las distintas posturas, tanto en la derecha como en la izquierda.

En la derecha, Calvo Sotelo creó el Bloque Nacional en diciembre de 1934, con el que pretendía presentar una alternativa a la República sobre la base de la restauración de un claro autoritarismo. Pretendía contar con la participación activa del Ejército. Por su parte, en el seno del mismo se creó la Unión Militar Española, integrada por altos oficiales, cuyo objetivo era terminar con la República.

En la izquierda, la represión sufrida y la constatación de que era importante la unión para alcanzar el poder propició que las distintas fuerzas políticas y sociales, después de un proceso complejo, terminaran por confluir en la creación del Frente Popular, es decir, un pacto de las fuerzas políticas y sindicales para ganar las elecciones. Pero conviene señalar que las distintas fuerzas lo concebían de distinta forma. Para el sector moderado socialista era una alianza electoral con los republicanos de izquierda. Pero el ala izquierda del socialismo español había sido muy reacia a esta alianza. Para ellos, el Frente Popular era un pacto electoral de circunstancias, estimando que después, los obreros debían marchar hacia la revolución. Para los comunistas, el Frente Popular no podía quedarse en un simple pacto electoral sino para proseguir un programa posterior. Por fin, para los republicanos de izquierda era importante regresar al poder para restaurar la obra realizada en el primer bienio y, para ello, debían contar con los partidos obreros a su izquierda. Además, para entender el Frente Popular debemos comprender, de nuevo, el contexto internacional de avance del fascismo y de la recomendación de la Internacional Comunista de frenarlo a través de frentes antifascistas integrados por todas las fuerzas de izquierda, fueran o no marxistas.

A finales del año 1935 se generó una profunda crisis política en el Gobierno que desembocó en la disolución de las Cortes y la convocatoria de nuevas elecciones. Uno de los factores clave para entender la crisis gubernamental tiene que ver con los escándalos que minaron al Partido Radical de Lerroux. El primero de ellos fue el del Estraperlo, una especie de ruleta. Era un juego fraudulento pero que se introdujo en diversos casinos españoles por mediación de figuras relevantes del Partido Radical que aceptaron sobornos. Al parecer, estuvo implicado el propio hijo de Lerroux. El segundo escándalo también tenía que ver con la corrupción. Aunque Lerroux quedó exculpado de ambos, su carrera política y la de su formación política se derrumbaron. Ante esta situación, se convocaron nuevas elecciones para febrero de 1936.

La experiencia de la derrota de la izquierda en 1933 y la necesidad de unir fuerzas había llevado, como hemos estudiado, a la formación del Frente Popular, que contó con el apoyo anarquista. El principal objetivo era ganar las elecciones, formar Gobierno y decretar una amnistía que sacara de la cárcel a los dirigentes populares, así como restablecer en sus cargos políticos a los represaliados.

Pero la derecha también comprendió la necesidad de la unión y así se presentó en numerosas circunscripciones electorales, aunque la CEDA centró más la campaña electoral en el miedo al triunfo de la izquierda y de una posible revolución.

La participación electoral fue alta, de un 72% del censo. La suma de votos del centro y de la derecha superaron ligeramente a los del Frente Popular, aunque esta sería la coalición más votada, triunfando en más circunscripciones y en todas las ciudades de más de 150.000 habitantes. Al final, obtuvo el 59% de los escaños.

Cuatro días después de formado el nuevo Gobierno y según lo pactado entre las fuerzas integrantes del Frente Popular, se decretó la amnistía para todos los represaliados de la revolución de 1934 y el reingreso en sus cargos de los dirigentes.

La siguiente medida fue la restauración del Estatuto de Autonomía de Cataluña. Companys volvió a ocupar la presidencia de la Generalitat.

Se retomaron las expropiaciones y adjudicaciones de tierras a los campesinos según lo dispuesto en la reforma agraria de 1932. Ahora se aceleró el proceso, ya que se expropió y repartió más de medio millón de hectáreas entre marzo y julio de 1936, cuatro veces más que entre 1932 y 1934.

Las Cortes destituyeron al presidente de la República, Alcalá-Zamora, en una suerte de controversia sobre si había o no incumplido la Constitución en relación con las disoluciones anteriores de las mismas. Fue elegido para sustituirle Manuel Azaña, que tuvo que disolver el Gobierno que había presidido después de las elecciones de febrero. Azaña pretendía que el nuevo fuera presidido por Indalecio Prieto, del sector moderado del PSOE, pero el partido se negó, por lo que, al final, se constituyó un ejecutivo compuesto exclusivamente por republicanos. Largo Caballero y el sector más radical dominaban el Partido Socialista y defendían cambios más profundos.

En la primavera de 1936 se vivió un clima de radicalización social y política con enfrentamientos verbales en las Cortes y violentos en las calles entre la derecha y la izquierda.

Se estaba viviendo una creciente polarización política y social. Se sucedieron acciones protagonizadas por obreros y jornaleros: huelgas, ocupaciones de tierras, etc, mientras que se aceleraron las conspiraciones de gran parte de la derecha con los militares, mientras el terrorismo falangista se dedicaba a desestabilizar mediante atentados.

Un grupo de militares conservadores y monárquicos, con la adhesión de gran parte de la derecha (falangistas, una parte de los cedistas, carlistas, monárquicos), preparaba, desde el triunfo del Frente Popular, una conspiración militar que contaba con el apoyo financiero de destacados empresarios, pero la iniciativa siempre fue de los militares. El coordinador de la conspiración fue el general Mola desde Navarra.

El 12 de julio era asesinado el teniente Castillo de la Guardia de Asalto. En represalia, sus compañeros asesinaron al político Calvo Sotelo, destacado miembro de la derecha española. El pretexto para la sublevación militar estaba servido.

La sublevación se inició el 17 de julio en Ceuta y Melilla. El 18 de julio Franco firmaba un Bando de declaración de Estado de guerra en Marruecos; al día siguiente Mola hacía lo mismo desde Pamplona. En los primeros días dicha sublevación triunfaba en el Protectorado de Marruecos, Canarias, Sevilla, Cádiz y Algeciras, Córdoba, Mallorca, Galicia, Oviedo, Castilla y León, Zaragoza, Álava y Navarra.

El fracaso del golpe en gran parte de España desencadenaría una guerra civil, cuyas causas son complejas y van más allá del corto plazo. En primer lugar, habría que citar las desigualdades económicas y sociales profundas que provocaron la radicalización del movimiento obrero, y que desbordaron a la República por la izquierda. La derecha consideró, por su parte, que la República había abierto la puerta a la anarquía y al comunismo con la legislación social, acusando a la izquierda de querer la revolución. La reforma agraria generó, por un lado, el miedo de los grandes latifundistas, pero no cubrió las expectativas del movimiento obrero y campesino al ser demasiado lenta y garantista con el derecho de propiedad.

Por otro lado, grandes sectores populares desarrollaron un acusado anticlericalismo al considerar a la Iglesia como una institución vinculada secularmente con los poderosos. La izquierda española planteó una radical separación entre la Iglesia y el Estado y generó una legislación laica. Para la Iglesia y la derecha, la República atacaba la religión, ya fuera con su laicismo, o ya fuera a través del anticlericalismo popular.

La República planteó una solución autonómica para las regiones históricas, pero el Ejército consideraba que se estaba abriendo la puerta a la desmembración de España, a pesar de las limitaciones que imponía la Constitución a dichas autonomías.

El creciente enfrentamiento político entre las derechas y las izquierdas provocó durísimas tensiones con tentaciones de superar la democracia por considerarse una puerta hacia el caos, o por ser burguesa e insuficiente.

La influencia del contexto europeo de los años treinta es otro factor a tener en cuenta. Es innegable que la crisis de la República tiene que ver con la profunda crisis económica y de la democracia en Europa.

El primer intento de establecer una democracia en España fracasó, y hubo que esperar mucho tiempo para poder restaurarla.

Bibliografía

Josep Fontana,
La época del liberalismo. Historia de España. Vol. VI.
Barcelona. Crítica/Marcial Pons. 2007.

Javier Moreno Luzón,
Restauración y Dictadura. Historia de España. Vol. VII.
Barcelona. Crítica/Marcial Pons. 2009.

Julián Casanova,
República y Guerra Civil. Historia de España. Vol. 8.
Barcelona. Crítica/Marcial Pons, 2007.

Episodios que cambiaron la historia de España

- Las capitulaciones de Santa Fe
- La batalla de Lepanto
- La guerra de los Países Bajos
- El tratado de utrecht
- El Dos de mayo
- Las Cortes de Cádiz y la Constitución de 1812
- El pronunciamiento de Riego

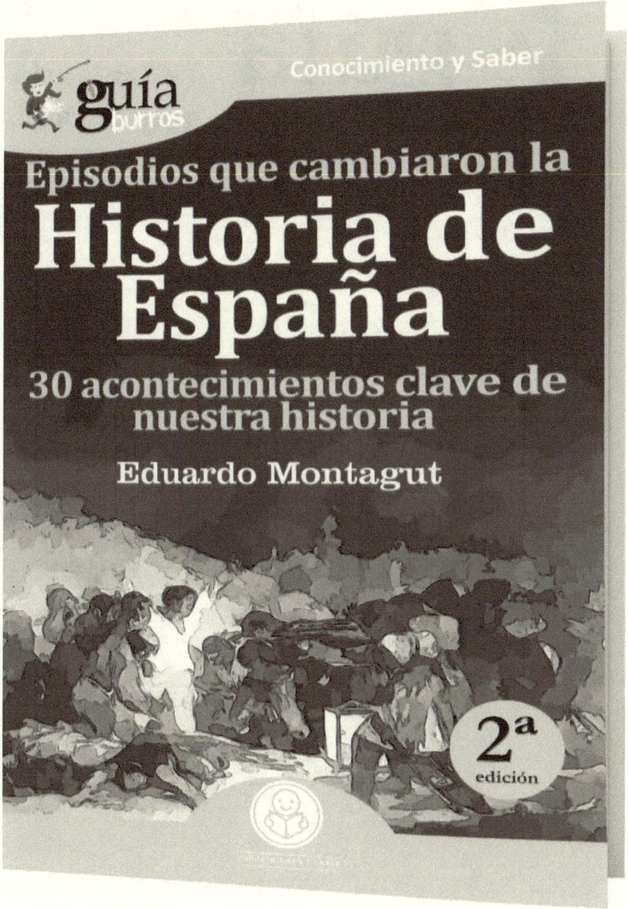
Conocimiento y Saber
guía burros
Episodios que cambiaron la
Historia de España
30 acontecimientos clave de nuestra historia
Eduardo Montagut
2ª edición

La Sabiduría de las grandes Religiones

- Hinduismo
- Budismo
- Taoísmo-Confuncionismo
- Judaísmo
- Cristianismo
- Islamismo

guía burros

Conocimiento y saber

La Sabiduría de las grandes Religiones

Antología esencial

Sebastián Vázquez

GuíaBurros La Sabiduría de las grandes Religiones

Antología esencial

+INFO

http://www.grandesreligiones.guiaburros.es

Masonería

- Quién fue Shiddarta Gautama
- Conceptos básicos para entender el budismo
- La enseñanza budista
- La naturaleza reactiva del ser humano
- El budismo zen
- Prácticas para la paz interior y el sosiego de la mente
- Prácticas para mejorar la relación con uno mismo
- Practicas para mejorar la relación con los demás
- Texto de *Sutra del Corazón*

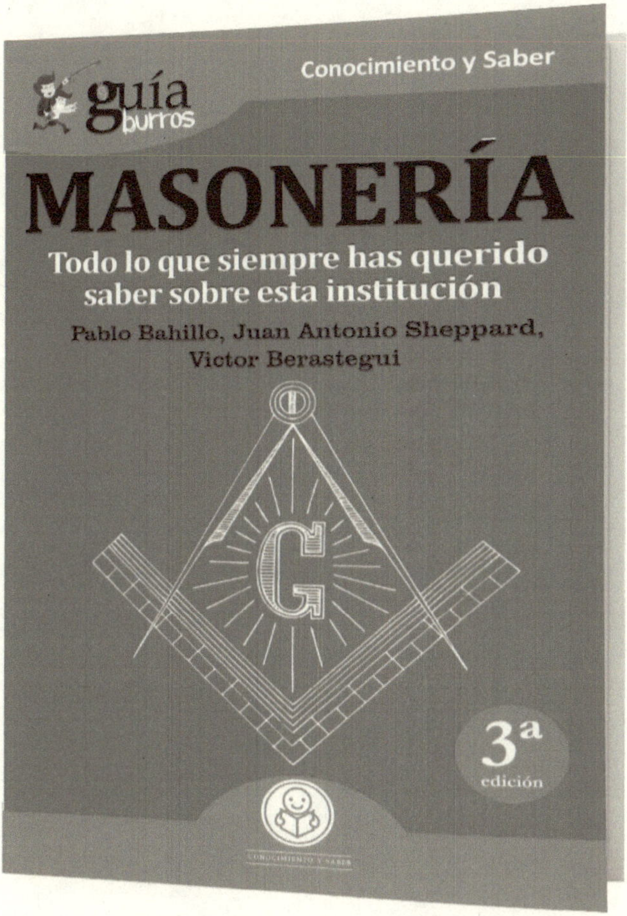

Conocimiento y Saber

guía burros

MASONERÍA

Todo lo que siempre has querido saber sobre esta institución

Pablo Bahillo, Juan Antonio Sheppard, Victor Berastegui

3ª edición

GuíaBurros Masonería

Todo lo que siempre has querido saber sobre esta institución

+INFO

http://www.masoneria.guiaburros.es

Nuestras colecciones

Guías para todos aquellos que deseen ampliar sus conocimientos sobre asuntos específicos, grandes personajes, épocas, culturas, religiones, etc., ofreciendo al lector una amplia y rica visión de cada una de las temáticas, accesibles a todos los lectores.

Guías para gestionar con éxito un negocio, vender un producto, servicio o causa o emprender. Pautas para dirigir un equipo de trabajo, crear una campaña de marketing o ejercer un estilo adecuado de liderazgo, etc.

Guías para optimizar la tecnología, aprender a escribir un blog de calidad, sacarle el máximo partido a tu móvil. Orientaciones para un buen posicionamiento SEO, para cautivar desde Facebook, Twitter, Instagram, etc.

Guías para crecer. Cómo crear un blog de calidad, conseguir un ascenso o desarrollar tus habilidades de comunicación. Herramientas para mantenerte motivado, enseñarte a decir NO o descubrirte las claves del éxito, etc.

Guías prácticas dirigidas a la salud y el bienestar. Cómo gestionar mejor tu tiempo, aprenderás a desconectar o adelgazar comiendo en la oficina. Estrategias para mantenerte joven, ofrecer tu mejor imagen y preservar tu salud física y mental, etc.

Guías prácticas para la vida doméstica. Consejos para evitar el cyberbulling, crear un huerto urbano o gestionar tus emociones. Orientaciones para decorar reciclando, cocinar para eventos o mantener entretenido a tu hijo, etc.

Guías prácticas dirigidas a todas aquellas actividades que no son trabajo ni tareas domésticas esenciales. Juegos, viajes, en definitiva, hobbies que nos hacen disfrutar de nuestro tiempo libre.

Guías para aprender o perfeccionar nuestra técnica en deportes o actividades fisicas escritas por los mejores profesionales de la forma más instructiva y sencilla posible,

Autores para la formación

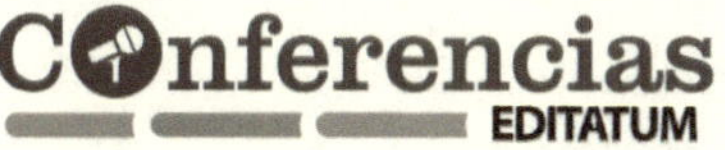

Editatum y GuíaBurros te acercan a tus autores favoritos para ofrecerte el servicio de formación GuíaBurros.

Charlas, conferencias y cursos muy prácticos para eventos y formaciones de tu organización.

Autores de referencia, con buena capacidad de comunicación, sentido del humor y destreza para sorprender al auditorio con prácticos análisis, consejos y enfoques que saben imprimir en cada una de sus ponencias.

Conferencias, charlas y cursos que representan un entretenido proceso de aprendizaje vinculado a las más variadas temáticas y disciplinas, destinadas a satisfacer cualquier inquietud por aprender.

Consulta nuestra amplia propuesta en www.editatumconferencias.com y organiza eventos de interés para tus asistentes con los mejores profesionales de cada materia.

Libros para crecer

www.editatum.com

www.ingramcontent.com/pod-product-compliance
Lightning Source LLC
LaVergne TN
LVHW091057150826
845673LV00002B/610

* 9 7 8 8 4 1 8 1 2 1 2 1 0 *